AGRADECIMENTOS

Primeiramente a DEUS.

A todos os policiais, em especial aos nossos associados, que diariamente depositam confiança e acreditam no nosso trabalho.

A todos os advogados, estagiários e funcionários que trabalham, ou trabalharam, na árdua batalha para prestar uma assistência jurídica efetiva e de (ou com?) qualidade para os nossos associados.

Por fim, agradecemos a todos que confiaram no projeto **CENAJUR**.

APRESENTAÇÃO

Quando iniciamos os nossos trabalhos, em 27 de julho de 2002, sabíamos que a tarefa não seria fácil, qual seja: proporcionar segurança jurídica, justamente àqueles que trabalham para nos proporcionar a segurança pública. O POLICIAL MILITAR.

Assim, estavam estabelecidos os nossos objetivos – a segurança jurídica do policial e, por via de conseqüência, a revolução cultural no âmbito da Polícia Militar da Bahia.

Mas para alcançarmos esse objetivo, não bastava investir, apenas, na defesa contenciosa dos policiais, no âmbito judicial ou na esfera administrativa, com a formação de uma equipe especializada, para trabalhar na defesa dos associados, com acompanhamento em audiências judiciais, audiências de processo disciplinar e fazendo necessárias diligências para o regular andamento do processo.

Era necessário muito mais, era imperativo, como ainda é, investir na formação de uma consciência jurídica, a fim de tornar os policiais sabedores dos seus direitos e deveres, contribuindo para o exercício da cidadania.

Assim, nesse contexto, realizamos centenas de palestras pela Bahia, disseminando cultura jurídica pelos quatro cantos do Estado.

Milhares de policiais militares, todos interessados e conscientes, tiveram acesso aos mais variados temas jurídicos, dentre os quais, o porte de arma de fogo, a apuração disciplinar, a remuneração do policial, a prisão provisória.

A ideia era, de fato, fomentar uma verdadeira REVOLUÇÃO CULTURAL NA POLÍCIA, levando conhecimento jurídico a todos os policiais. O que fizemos.

Em 27 de julho de 2010 completamos 08 anos de existência, portanto, com mais experiência, seja na relação com o policial militar e o seu dia-a-dia, seja na defesa intransigente dos seus direitos, bem como no trato da legislação específica da carreira. Enfim, nos diversos assuntos direcionados aos policiais militares.

Com muito orgulho, somos hoje referência no âmbito da PM e no mundo jurídico. AGEPOL/CENAJUR é uma fórmula de sucesso que vem sendo copiada por outras associações.

Nesses 08 anos foram muitas vitórias judiciais, mas, destacamos nesse momento de comemoração, a vitória obtida com a mudança do perfil dos policiais militares, que passaram a ter uma consciência jurídica, significando a concretização da revolução cultural na PM, prometida pelo CAPITÃO TADEU, nos idos de 2002, idealizador da AGEPOL/CENAJUR.

Assim, 2010 é o começo de um novo ciclo, dessa vez com mais EXPERIÊNCIA, mas como a mesma QUALIDADE, SERIEDADE, HONESTIDADE, COMPETÊNCIA e RESPONSABILIDADE, o que nos credencia, cada vez mais, a continuar prestando uma efetiva assistência jurídica aos policiais militares.

(ESTAMOS PENSANDO EM DIMINUIR O TEXTO DA APRESENTAÇÃO PARA ESSE ACIMA)

Quando demos início aos nossos trabalhos em 27 de julho de 2002, sabíamos que a tarefa não seria fácil: proporcionar segurança jurídica aos policiais, justamente àqueles que trabalham para nos proporcionar a segurança pública. O desafio foi aceito! Estavam estabelecidas as nossas metas – a segurança jurídica do policial e a revolução cultural no âmbito da Polícia Militar.

Não adiantava investir, apenas, na defesa contenciosa dos policiais, seja no âmbito judicial ou na esfera administrativa. Era necessário muito mais: investir na educação e na formação de uma consciência jurídica, a fim de tornar os policiais sabedores dos seus direitos e deveres, contribuindo, dessa forma, para o exercício da cidadania, não somente no sentido formal, mas, principalmente, no sentido material.

Assim, nesse contexto, realizamos centenas de palestras pela Bahia, disseminando cultura jurídica pelos quatro cantos do Estado. Milhares de policiais, todos interessados e conscientes, ouviram os mais variados temas de interesse do policial, dentre os quais, o porte de arma de fogo, a apuração disciplinar, a remuneração do policial, a prisão provisória.

Em julho de 2004, na ocasião do nosso 2º aniversário, lançamos o (projeto?) TEMAS JURÍDICOS APLICÁVEIS AOS POLICIAIS – A REVOLUÇÃO CULTURAL NA POLÍCIA, o qual obteve sucesso total, no lançamento foram mais de 2 mil livros distribuídos. Ao total, foram mais de 5 mil livros entregues, gratuitamente, aos policiais militares, policiais civis, juízes, promotores, advogados, estudantes, que tiveram acesso a temas exclusivos para policiais, com uma linguagem acessível.

A nossa obra foi doada às Faculdades de Direito, a fim de compor o acervo das bibliotecas nos cursos de Direito, contribuindo na construção de um futuro profissional, portanto, conhecendo mais sobre a carreira policial militar e a área do direito pouco explorada, o direito administrativo militar.

A ideia era, de fato, causar uma verdadeira REVOLUÇÃO CULTURAL NA POLÍCIA, levando cultura a todos os policiais.

Em 2005, após muitas consultas, audiências e sentenças, já com uma bagagem boa, como se diz no dito popular, lançamos a coleção jurídica TUDO QUE O POLICIAL PRECISA SABER. O compêndio 01 tratou do tema Apuração Disciplinar, escrito pela Dra. Carina Senna. O compêndio 02, escrito pelo Dr. Fabiano Fernandes, abordou Prisão Provisória e Liberdade Processual. O Capitão Tadeu escreveu o compêndio 03 sobre a Lei da GAP. A Dra. Daniela Hohlenwerger abordou o tema Abuso de Autoridade, no compêndio 04. E, por fim, no compêndio 05, o Dr. Fabiano Samartin Fernandes escreveu sobre o Estatuto do Desarmamento.

Cada compêndio, distribuído gratuita e separadamente, teve tiragem de 5 mil exemplares, o que soma 25 mil livros entregues, por toda a Bahia, à comunidade jurídica, mas, principalmente, aos policiais.

Mais um gol marcado, pois estávamos proporcionando ao policial interessado uma consciência jurídica, alertando grande número para uma efetiva cidadania, ou a cidadania material, que é aquela em que a pessoa conhece os seus direitos e deveres, prenúncio para o policial cidadão lutar pelos seus direitos e cumprir com os seus deveres.

Enquanto lançávamos livros, enquanto fazíamos palestras, tínhamos uma equipe trabalhando na defesa dos policiais, acompanhando-os em audiências judiciais, audiências de processo disciplinar, fazendo necessárias diligências para o regular processamento do processo, ou seja, além da REVOLUÇÃO CULTURAL NA POLÍCIA, propiciávamos SEGURANÇA JURÍDICA AO POLICIAL, nossa meta maior.

Em 27 de julho de 2010, completamos 08 anos de existência, portanto estamos mais experientes, seja no tratamento com o policial, e o seu dia a dia, seja na legislação específica da carreira, seja nos assuntos direcionados aos policiais militares. Com muito orgulho e muito mais trabalho, somos hoje referência no âmbito da PM e na carreira jurídica. Uma fórmula de sucesso que vem sendo copiada.

Em 08 anos de existência, foram mais de 80 mil atendimentos jurídicos na nossa sede, mais de 130 mil visitas na nossa página na internet, e foram realizadas mais de 10 mil audiências judiciais e administrativas (PDS e PAD), todas acompanhadas por nossos advogados. Foram solucionados mais de 5 mil processos. Foram respondidas, por e-mail, cerca de 3 mil mensagens. Atualmente, são mais de 100 ações coletivas em execução. Vale lembrar, por exemplo, as ações de reimplantação da gratificação de habilitação da PM, as quais já propiciamos a inclusão no salário de mais de 2 mil policiais.

Nossos números são grandes, tal a nossa ideia inicial, tal a **AGEPOL/CENAJUR**. Além do que, trabalhamos de forma séria e honesta, na busca de uma prestação de assistência jurídica efetiva e de qualidade para o policial.

Hoje é um novo tempo, um novo ciclo que se começa! E é com tamanha satisfação que entregamos, ao policial e demais operadores do direito, o livro TEMAS JURÍDICOS APLICÁVEIS AOS POLICIAIS 2 – A REVOLUÇÃO CULTURAL NA POLÍCIA!

Nesta (ou Nessa?) obra literária, de natureza jurídica/militar, abordamos assuntos polêmicos enfrentados por advogados que se predispuseram a escrever, compartilhando o saber. Assim, o livro é composto na sua primeira parte de artigos doutrinários, em um total de 09, e, na segunda parte, colacionamos diversas decisões judiciais, todas proferidas em processos por nós acompanhados.

Assim, convidamos o caro leitor para uma leitura agradável de temas de interesse nas áreas de família, administrativa, crime, trânsito, consumidor, estatutos de proteção do menor, do idoso e da mulher, e processo disciplinar.

Os artigos aqui publicados expressam a opinião pessoal de cada autor, e cada um deles é responsável pelo seu próprio artigo.

Como dito, 2010 inicia um novo ciclo. Dessa vez com mais experiência, entretanto com a mesma seriedade, honestidade, competência e responsabilidade, o que nos credencia, cada vez mais, a efetivar uma assistência jurídica de qualidade.

Excelente leitura e compreensão dos seus direitos e deveres!

AGEPOL/CENAJUR

Os artigos publicados não expressam a opinião da AGEPOL/CENAJUR, sendo de responsabilidade exclusiva dos seus autores.

(NESSE TEXTO O AUTOR PREFERE NARRAR NA 1ª PESSOA)

1) A EMBRIAGUEZ NO TRÂNSITO

Capitão Tadeu Fernandes*

APRESENTAÇÃO

O projeto Cidadão Legal, de iniciativa da **Escola de Direito e Cidadania do CENAJUR** em parceria com o **Centro de Estudos de Trânsito,** tem por objetivo o desenvolvimento da sociedade, tendo a cultura jurídica como um dos vetores dessa evolução social.

O nome Cidadão Legal tem duplo sentido: o primeiro no sentido de formar cidadãos bacanas, conselheiros, enfim, amigos legais. Já o segundo sentido é o de formar cidadãos que conheçam, respeitem e exijam o cumprimento das leis.

---

* *Deputado Estadual.*

Uma das causas da violência é a falta de cidadania, a "banalização" do descumprimento da lei. Com este projeto, esperamos formar cidadãos comprometidos com a cultura da paz, com a construção de uma sociedade melhor.

INTRODUÇÃO

Segundo o relatório da Organização Mundial de Saúde (OMS), milhões de pessoas saem feridas de acidentes nas estradas. Para a agência da ONU, o assunto se tornou um problema de saúde pública.

Nos países em desenvolvimento e nos menos desenvolvidos, os custos dos desastres nas estradas chegam a US$ 100 bilhões, o equivalente a R$ 170 bilhões. A quantia é superior à recebida em ajuda para o desenvolvimento. Referimo-nos aos prejuízos econômicos. Dá para imaginar os prejuízos sociais? Mortes... paraplegias... perda de capacidade de trabalho...

"Eu sei o meu limite". "O rigor só deveria ser com quem não sabe beber". "É besteira essa proibição." "Radicalizaram sem necessidade". Essas são queixas frequentes quando o assunto é álcool, direção e tolerância zero. Todos que bebem e dirigem dizem isso, no entanto, os acidentes automobilísticos fatais, em decorrência do consumo de álcool, só crescem a cada dia.

Como saber e proibir apenas os que abusam do consumo de álcool? Após algumas doses, o condutor consegue identificar o seu limite? Liberar uma pequena dose para uns, talvez não tenha problema, mas para outros poderá ser fatal. Como distinguir quem pode e quem não pode?

Estima-se que, em 2007, 35.000 pessoas morreram vítimas de acidente de trânsito no Brasil. Calcula-se que 70% (24.500) desses mortos foram por causa do álcool.

Sabe-se que o álcool, no organismo humano, retarda os reflexos e estimula a velocidade, mas, mesmo assim, as pessoas continuam bebendo e dirigindo. Até que ponto o direito de um condutor ingerir bebida alcoólica pode colidir com o direito à vida do próximo?

Diante dessa epidemia, o Estado brasileiro tinha que reagir para proteger as nossas vidas. Essa nova lei, efetivamente, é uma esperança de dias mais seguros para todos os usuários das vias públicas: pedestres, condutores e passageiros de veículos.

Desejamos agora, com este trabalho, agregar mais cidadãos para cooperar na construção de um trânsito mais seguro, pois sem a participação de todos nós, jamais iremos ter uma sociedade mais justa. Não basta apenas a lei, temos que ter o compromisso de todos os cidadãos com uma nova ordem cultural. É o que esperamos.

1. CÓDIGO DE TRÂNSITO BRASILEIRO E A EMBRIAGUEZ DO CONDUTOR
1.1 Infração Administrativa: Direção sob Influência de Álcool

> Art. 165. Dirigir sob a influência de álcool ou de qualquer outra substância psicoativa que determine dependência: (Alterado pela lei nº. 11.705, de 19/06/08)

Infração - gravíssima; **Penalidade** - multa (cinco vezes) e suspensão do direito de dirigir por 12 (doze) meses; (Alterado pela lei nº. 11.705, de 19/06/08)
Medida Administrativa - retenção do veículo até a apresentação de condutor habilitado e recolhimento do documento de habilitação.
Competência: Estado (através de convênio formalizado o município poderá exercer essa competência)
Parágrafo único. A embriaguez também poderá ser apurada na forma do art. 277.

Comentário: O legislador brasileiro tem sido cada vez mais rigoroso quanto às normas relativas ao consumo de álcool e de outras substâncias psicoativas que determinem dependência.

Na vigência do Código de Trânsito anterior, o chamado Código Nacional de Trânsito, o limite máximo de álcool no sangue era de 0,8 g de álcool por litro de sangue. Com a entrada em vigor do atual Código de Trânsito Brasileiro – CTB, o limite foi reduzido para 0,6 g.

Através da Lei nº. 11.705, de 19/06/2008, que alterou os artigos 165, 276, 277, 291, 296, 302 e 306 do CTB, o índice foi reduzido para zero, a chamada "tolerância zero". Veja que o novo artigo 276 do CTB estabelece que "qualquer concentração de álcool por litro de sangue sujeita o condutor às penalidades previstas no artigo 165 deste código".

O *caput* do art. 165 proíbe que o condutor dirija sob a influência de álcool ou de qualquer outra substância psicoativa que determine dependência. A "influência" se caracteriza pela direção anormal, fora dos padrões de uma pessoa em estado normal, que rebaixe o nível de segurança do trânsito.

Visualmente, percebemos a anormalidade na condução do veículo pelas manobras arriscadas, eufóricas, perigosas; pelo "ziguezague", pelas "fechadas" em outros veículos; pelo cometimento de infrações sem um mínimo de cuidado com a segurança; pelas brincadeiras ao volante etc.

Pelo critério do *caput* do art. 165, que determina a direção sob influência de álcool ou de qualquer outra substância psicoativa, as autoridades de trânsito e seus agentes devem provar a referida influência. Já pelo artigo 276 do CTB, que estabelece a identificação de "qualquer concentração de álcool por litro de sangue", deve-se provar a quantidade de álcool no sangue. Assim, há de se provar a influência ou a quantidade de álcool no organismo.

No primeiro caso, a prova da influência do álcool se baseia na observação do comportamento do condutor, que é subjetiva. O que é a "influência"? Até onde vai a "influência"? Como provar a "influência"? Uma mesma quantidade de álcool ingerida por condutores diferentes causa influências distintas. A partir desta constatação, fica evidente a dificuldade de coleta de provas subjetivas, dando margem à interpretação do agente de trânsito acerca dos gestos, atitudes, comportamentos, falas, movimentos e outros sinais e sintomas apresentados pelo condutor suspeito.

No segundo caso, o critério é mais objetivo, pois tem que se provar a quantidade de álcool no sangue através dos exames de alcoolemia (exame de álcool no sangue) ou do etilômetro ("bafômetro").

Neste segundo caso, fica uma dúvida: como provar objetivamente a quantidade de álcool no sangue? O condutor é obrigado a se submeter ao exame de "bafômetro" ou de alcoolemia?

O § 3º do art. 277 do CTB estabelece que "serão aplicadas as penalidades e medidas administrativas estabelecidas no art. 165 deste Código ao condutor que se recusar a se submeter a qualquer dos procedimentos previstos no *caput* deste artigo"

> *Caput* do Art. 277 – "Todo condutor de veículo automotor, envolvido em acidente de trânsito ou que for alvo de fiscalização de trânsito, sob suspeita de dirigir sob a influência de álcool será submetido a testes de alcoolemia, exames clínicos, perícia ou outro exame que, por meios técnicos ou científicos, em aparelhos homologados pelo CONTRAN, permitam certificar seu estado".

A Constituição Federal, no art. 5º, LV, estabelece que "aos litigantes, em processo judicial ou administrativo, e aos acusados em geral são assegurados o contraditório e a ampla defesa, com os meios e recursos a ela inerentes". Entende-se, assim, que a recusa em fornecer provas contra si, como a recusa em fornecer sangue para o exame e ar para o "bafômetro" são garantias constitucionais da ampla defesa do acusado.

Para alguns pode ficar alguma dúvida: o § 3º do artigo 277 do CTB, que pune o condutor que se recusar a se submeter a referidos exames de embriaguez, fere o art.5º, LV, da Constituição Federal, que garante o direito a ampla defesa dos acusados?

Entendo que o § 3º do art. 277 é inconstitucional, pois obriga o cidadão a fornecer provas contra si, limitando o seu direito de defesa.

Contudo, a recusa em fornecer o sangue e o ar dos pulmões para exames não prejudicará a coleta de provas contra o condutor suspeito de ter ingerido bebidas alcoólicas ou outras substâncias psicoativas, visto que a autoridade de trânsito e seus agentes podem provar a influência do álcool no comportamento do condutor através de indícios, documentos (fotografias e filmes), testemunhas e confissões, que são provas admitidas no direito brasileiro, e perfeitamente possíveis de provar a influência do álcool no comportamento do condutor. Aliás, o próprio testemunho dos policiais e agentes de trânsito serve de prova, quando bem elaborado e convincente.

Com a nova lei, a autoridade de trânsito só pode aplicar a penalidade de suspensão do direito de dirigir por doze meses, nem mais nem menos. Na vigência da lei anterior, a penalidade variava de um a doze meses.

Quanto à medida administrativa de retenção do veículo <u>até apresentação do condutor habilitado</u>, há de se fazer uma ressalva: o Poder Público não pode deixar seus prepostos por tempo indefinido à espera da chegada de um condutor habilitado. O interesse individual não prevalece sobre o coletivo, assim, o tempo de espera não pode prejudicar o serviço normal dos policiais e agentes de trânsito. Em caso de demora em apresentar condutor habilitado, com prejuízo do serviço público, o veículo poderá ser removido para o depósito de veículo do órgão de trânsito, não caracterizando, com isso, a apreensão do veículo. O conceito de demora dependerá do caso concreto, do serviço que esteja sendo executado e ficará a critério do policial ou agente de trânsito.

Quanto ao recolhimento do documento de habilitação, no ato da flagrância do cometimento da infração, deve ser acompanhado do fornecimento do Recibo de Recolhimento do Documento de

Habilitação.

Saiba que esse recolhimento não é, ainda, a penalidade de suspensão do direito de dirigir, visto que o processo administrativo não foi instaurado e o condutor não teve o direito à ampla defesa e ao contraditório (Direitos Constitucionais). Por esse motivo, esse condutor poderá, depois de ficar sóbrio, continuar dirigindo, até ser processado e julgado.

1.2 Tolerância Zero e Margem de Erro nos Exames

> **Art. 276.** Qualquer concentração de álcool por litro de sangue sujeita o condutor às penalidades previstas no art. 165 deste Código.
> **Parágrafo único.** Órgão do Poder Executivo federal disciplinará as margens de tolerância para casos específicos."

Comentário: o *caput* do art. 276 é taxativo em afirmar que "qualquer concentração de álcool por litro de sangue sujeita o condutor às penalidades administrativas".

O parágrafo único desse mesmo artigo remete ao Poder Executivo a disciplina das "margens de tolerância". Ora, se "qualquer concentração de álcool" sujeita o condutor às penalidades, como que se admite "tolerância"? Na verdade, o legislador cometeu um equívoco na terminologia. Não se trata de "tolerância", mas sim de "margem de erro", o que é comum quando se trata de aferição por instrumento.

Essa "margem de tolerância", ou "margem de erro", foi regulamentada pelo Decreto n°. 6.488 de 20/06/08 que estabelece:

> **Art. 1°** Qualquer concentração de álcool por litro de sangue sujeita o condutor às penalidades administrativas do art. 165 da Lei no 9.503, de 23 de setembro de 1997 - Código de Trânsito Brasileiro, por dirigir sob a influência de álcool.
> **§ 1°** As margens de tolerância de álcool no sangue para casos específicos serão definidas em resolução do Conselho Nacional de Trânsito - CONTRAN, nos termos de proposta formulada pelo Ministro de Estado da Saúde.
> **§ 2°** Enquanto não editado o ato de que trata o § 1°, a margem de tolerância será de duas decigramas por litro de sangue para todos os casos.
> **§ 3°** Na hipótese do § 2°, caso a aferição da quantidade de álcool no sangue seja feito por meio de teste em aparelho de ar alveolar pulmonar (etilômetro), a margem de tolerância será de um décimo de miligrama por litro de ar expelido dos pulmões.

1.3 Meios de Provas para o Consumo de Álcool ou outra Droga Psicoativa

> **Art. 277.** Todo condutor de veículo automotor, envolvido em acidente de trânsito ou que for alvo de fiscalização de trânsito, sob suspeita de dirigir sob a influência de álcool será submetido a testes de alcoolemia, exames clínicos, perícia ou outro exame que, por meios técnicos ou científicos, em aparelhos homologados pelo CONTRAN, permitam certificar seu estado.

Comentário: do ponto de vista social, temos que reconhecer que a submissão de um cidadão ao "bafômetro" é um constrangimento que envergonha perante os olhares das pessoas próximas, esposas, filhos, netos, amigos, conhecidos etc., aquele a quem se determina ou se solicita o uso de aparelho medidor de ar alveolar.

Queira ou não, submeter publicamente uma pessoa de ilibada conduta, social, moral e profissional, conhecida e prestigiada na sociedade, a uso do referido aparelho, causa-lhe "arranhões" à sua imagem e constrangimento.

Quando assistimos na televisão cenas de pessoas nas blitzen assoprando o "bafômetro" imaginamos automaticamente que, para aquela pessoa ter sido submetida ao aparelho é porque as autoridades suspeitaram do comportamento dela. Imaginamos: "no mínimo ela é suspeita". Já imaginou os prejuízos morais e econômicos que essa cena pode trazer para um profissional famoso, respeitado e conceituado na sociedade?

Como se sabe, nenhuma pessoa é obrigada a dar provas contra si, o que está implícito no direito constitucional da ampla defesa. Com isso, o agente de trânsito não pode determinar o uso do "bafômetro", mas pode solicitar. Ficando a critério de o condutor atender ou não à solicitação, sem que isso implique em transgressão à lei.

Todavia, é muito importante registrar que em razão do constrangimento que é submeter alguém ao uso do aparelho, até mesmo por solicitação, essa atitude só pode ser adotada pelo preposto da autoridade, se houver uma justificativa, baseada em uma fundada suspeita como sinais e sintomas aparentes de embriaguez, condução perigosa ou em blitz preventiva, por amostragem, em locais e horários de alta incidência de acidentes e de consumo de álcool. Nesta última hipótese de blitz, também, deve-se observar a fundada suspeita de um condutor para poder solicitar o uso do "bafômetro".

Veja que submeter alguém a este exame, ou à prática de posições e gestos, em local público, sem uma justificativa plausível, é constranger sem necessidade. Todos os atos praticados pelos agentes públicos devem visar o bem da coletividade, mas não em detrimento do respeito e dignidade dos cidadãos.

Ademais, outros meios de prova existem previstos em lei, que podem dar suporte às ações penais e administrativas contra o acusado de direção sob embriaguez, sem necessidade de submetê-lo à humilhação. Cito: prova testemunhal, indiciária, documental (filmes e fotografias), exame clínico, confissão do acusado de ter ingerido algumas doses e até mesmo o testemunho dos agentes de trânsito.

Durante uma abordagem, pela postura do condutor e pelo diálogo entre este e o agente de trânsito, dá para se perceber os sinais, sintomas e demais indícios que levam à suspeita de ingestão de álcool. Daí porque a desnecessidade de constranger um cidadão sem fundadas suspeitas.

Além de tudo isso, o próprio artigo 277 do CTB, ora comentado, estabelece que "Todo condutor de veículo automotor, envolvido em acidente de trânsito ou que for alvo de fiscalização de trânsito, sob suspeita de dirigir sob a influência de álcool será submetido a testes de alcoolemia (...)". Veja que a própria lei estabelece a condição da suspeição para a submissão a exames e testes, sendo que essa suspeição se caracteriza pela verificação de sinais e sintomas apresentados por um condutor e pela forma anormal e perigosa com que conduz.

1.4 Providências quanto ao Uso de Substâncias Entorpecente, Tóxica ou de Efeitos Análogos

§ 1º Medida correspondente aplica-se no caso de suspeita de uso de substância entorpecente, tóxica ou de efeitos análogos. (remunerado do parágrafo único pela lei 1.275 de 2006)

Comentário: a embriaguez e os problemas de segurança no trânsito podem ser causados não só pelo consumo de álcool, mas, também, pelo uso de várias outras drogas, lícitas ou ilícitas, que alterem o comportamento do condutor.

Diante da suspeita de que um condutor está sob influência de alguma substância entorpecente, as providências serão as mesmas relativas a um condutor embriagado pelo álcool.

1.5 Obtenção de Provas de Embriaguez contra o Condutor

§ 2º A infração prevista no art. 165 deste Código poderá ser caracterizada pelo agente de trânsito mediante a obtenção de outras provas em direito admitidas, acerca dos notórios sinais de embriaguez, excitação ou torpor apresentados pelo condutor. (Acrescido pela lei nº. 11.705, de 19/06/08)

Comentário: este parágrafo, objeto deste comentário, apenas repete o que o sistema processual brasileiro garante, no capítulo referente às provas, para todos os casos.

É claro, e está em consonância com o conjunto de normas processuais nacional, que uma infração poderá ser caracterizada, comprovada "pelo agente de trânsito mediante obtenção de <u>outras provas em direito admitidas</u>, acerca dos notórios sinais de embriaguez, excitação ou torpor apresentados pelo condutor". (os grifos são nossos)

"Outras provas em direito admitidas", no caso específico da embriaguez do condutor, temos: teste de alcoolemia, etilômetro ("bafômetro"), exame clínico, testemunhas (inclusive do policial e do agente de trânsito), indícios, documentos (fotografias e filmes) e confissão do acusado.

1.6 Recusa do Condutor a se Submeter a Exames de Embriaguez

§ 3º Serão aplicadas as penalidades e medidas administrativas estabelecidas no art. 165 deste Código ao condutor que se recusar a se submeter a qualquer dos procedimentos previstos no caput deste artigo. (Acrescido pela lei nº. 11.705, de 19/06/08)

Comentário: apesar do parágrafo, ora enfocado, estabelecer clara e taxativamente que o cidadão é obrigado a colaborar fornecendo sangue para o exame de alcoolemia, o ar dos pulmões para o exame com o etilômetro ("bafômetro") e colaborar com os demais testes, como o clínico etc., entendemos com forte convicção de que esse dispositivo do CTB é inconstitucional, pois fere cristalinamente o art. 5º, LV da Constituição Federal.

Giza o inciso LV do art. 5º que "aos litigantes, em processo judicial ou administrativo, e aos acusados em geral são assegurados o contraditório e a ampla defesa, com os meios e recursos a ela inerentes".

Por contraditório, compreende-se o direito de contradizer a versão e os fatos apresentados contra si.

Por ampla defesa, compreende-se o direito que permite ao acusado dispor de todos os meios, recursos e estratégias para tentar provar sua inocência, ou não deixar provar sua responsabilidade.

A apresentação de contra prova, de testemunhas, de perícias particulares, de documentos, fotos e filmes e até o silêncio e a recusa de apresentar dados, informações e provas contra si, estão abrangidos pelo significado da expressão ampla defesa.

Corroborando, ainda, com tudo até aqui analisado, o art. 8º, alínea g, da Convenção Americana Sobre Direitos Humanos – Pacto de San José, do qual o Brasil é país signatário –, garante que toda pessoa tem "direito de não ser obrigado a depor contra si mesma, nem a declarar-se culpada". Depreende-se daí, que nenhum acusado é obrigado a fornecer provas contra si.

Nesse sentido, dentro dessa linha de interpretação, a recusa em fornecer sangue, ar e urina para exames e não realizar gestos e movimentos e não responder perguntas ao médico legista durante o exame clínico, no Instituto Médico Legal, configura uma estratégia de defesa, dentro do Princípio Constitucional da Ampla Defesa e do Contraditório, o que não poderá ser ignorado por nenhuma autoridade ou mesmo por norma infraconstitucional.

Isso não significa, porém, que o condutor embriagado ficará impune, pois outras provas poderão ser coletadas, como testemunhas, indícios, fotografias, filme, confissão, exame clínico, que independem da aceitação do condutor.

1.7 Lesão Corporal Culposa – Crime de Menor Potencial Ofensivo: Exceções

> **Art. 291.** Aos crimes cometidos na direção de veículos automotores, previstos neste Código, aplicam-se as normas gerais do Código Penal e do Código de Processo Penal, se este Capítulo não dispuser de modo diverso, bem como a Lei nº 9.099, de 26 de setembro de 1995, no que couber.
> **§ 1º** Aplica-se aos crimes de trânsito de lesão corporal culposa o disposto nos arts. 74, 76 e 88 da Lei no 9.099, de 26 de setembro de 1995, exceto se o agente estiver: (Alterado pela lei nº. 11.705, de 19/06/08)
> I - sob a influência de álcool ou qualquer outra substância psicoativa que determine dependência; (Alterado pela lei nº. 11.705, de 19/06/08)
> II - participando, em via pública, de corrida, disputa ou competição automobilística, de exibição ou demonstração de perícia em manobra de veículo automotor, não autorizada pela autoridade competente; (Alterado pela lei nº. 11.705, de 19/06/08)
> III - transitando em velocidade superior à máxima permitida para a via em 50 km/h (cinqüenta quilômetros por hora). (Alterado pela lei nº. 11.705, de 19/06/08)
> **§ 2º** Nas hipóteses previstas no § 1o deste artigo, deverá ser instaurado inquérito policial para a investigação da infração penal. (Alterado pela lei nº. 11.705, de 19/06/08)

Comentário: vejamos os artigos 74, 76 e 88 da Lei nº 9.099, de 26 de setembro de 1995, que trata dos Juizados Especiais Criminais e Crimes de Menor Potencial Ofensivo:

Composição dos Danos Civis entre Vítima e Acusado
Art. 74. A composição dos danos civis será reduzida a escrito e, homologada pelo Juiz mediante sentença irrecorrível, terá eficácia de título a ser executado no juízo civil competente.
Parágrafo único. Tratando-se de ação penal de iniciativa privada ou de ação penal pública condicionada à representação, o acordo homologado acarreta a renúncia ao direito de queixa ou representação.

Transação Penal entre o Ministério Público e o Acusado
Art. 76. Havendo representação ou tratando-se de crime de ação penal pública incondicionada, não sendo caso de arquivamento, o Ministério Público poderá propor a aplicação imediata de pena restritiva de direitos ou multas, a ser especificada na proposta.
§ 1º Nas hipóteses de ser a pena de multa a única aplicável, o Juiz poderá reduzi-la até a metade.
§ 2º Não se admitirá a proposta se ficar comprovado:
I - ter sido o autor da infração condenado, pela prática de crime, à pena privativa de liberdade, por sentença definitiva;
II - ter sido o agente beneficiado anteriormente, no prazo de cinco anos, pela aplicação de pena restritiva ou multa, nos termos deste artigo;
III - não indicarem os antecedentes, a conduta social e a personalidade do agente, bem como os motivos e as circunstâncias, ser necessária e suficiente a adoção da medida.
§ 3º Aceita a proposta pelo autor da infração e seu defensor, será submetida à apreciação do Juiz.
§ 4º Acolhendo a proposta do Ministério Público aceita pelo autor da infração, o Juiz aplicará a pena restritiva de direitos ou multa, que não importará em reincidência, sendo registrada apenas para impedir novamente o mesmo benefício no prazo de cinco anos.
§ 5º Da sentença prevista no parágrafo anterior caberá a apelação referida no art. 82 desta Lei.
§ 6º A imposição da sanção de que trata o § 4º deste artigo não constará de certidão de antecedentes criminais, salvo para os fins previstos no mesmo dispositivo, e não terá efeitos civis, cabendo aos interessados propor ação cabível no juízo cível.

Representação da Vítima contra o Acusado
Art. 88. Além das hipóteses do Código Penal e da legislação especial, dependerá de representação a ação penal relativa aos crimes de lesões corporais leves e lesões culposas.
Nos crimes de menor potencial ofensivo, que são aqueles cuja pena máxima é de dois anos de reclusão, aplicam-se os institutos previstos na lei 9.099/95: Composição dos Danos Civis entre as Partes, Transação Penal entre o Ministério Público e o Acusado, Representação da Vítima contra o Acusado.

No primeiro caso, Composição dos Danos Civis, se as partes envolvidas, acusado e vítima, chegarem a um acordo financeiro acerca dos danos materiais, o processo será arquivado.

No segundo caso, da Transação Penal, o Ministério Público e o acusado podem chegar a um acordo (Transação Penal), onde o acusado pode aceitar a aplicação imediata de pena restritiva de direitos ou multas, a ser especificada na proposta.

No terceiro caso, da Representação, a vítima de lesões corporais leves e lesões culposas é que deve, através da Representação, requerer o processo criminal contra o acusado.

O crime de lesão corporal culposa, previsto no artigo 303 do CTB, por ter pena máxima de dois anos, é um crime de menor potencial ofensivo, onde se aplicam os institutos acima referidos previstos na Lei dos Juizados Especiais Criminais.

O que o art. 291, no § 1º e seus três incisos estabelecem é que se um condutor de veículo automotor praticar o crime de lesão corporal culposa estando sob a influência de álcool ou de qualquer outra substância psicoativa que determine dependência, ou que tenha participado em via pública de corrida, disputa ou competição automobilística de exibição ou demonstração de perícia em manobra de veículo automotor não autorizada pela autoridade competente, ou ainda se tiver cometido o referido crime estando em velocidade superior à máxima permitida para a via em 50 km/h ou mais, perderá o direito aos referidos benefícios. (institutos dos art. 74, 76 e 88 da lei 9099/95).

De acordo com o § 2º do artigo ora comentado, ocorrendo o crime de lesão corporal culposa dentro dos casos previstos nos incisos I, II e III do art. 291, a apuração da infração penal deixará de depender de Representação da vítima, passando a ser um crime de ação penal pública incondicionada, o que significa a instauração de um inquérito policial para investigar o ocorrido e a denúncia do Ministério Público, se comprovado a responsabilidade criminal do condutor, sem necessidade de requerimento (Representação) da vítima.

1.8 Reincidência na Prática de Crime de Trânsito

> **Art. 296.** Se o réu for reincidente na prática de crime previsto neste Código, o juiz aplicará a penalidade de suspensão da permissão ou habilitação para dirigir veículo automotor, sem prejuízo das demais sanções penais cabíveis. (Alterado pela lei nº. 11.705, de 19/06/08)

Comentário: a reincidência, no caso estabelecido neste artigo, pode ser em qualquer um dos crimes de trânsito previsto no CTB. Não há necessidade, de acordo com o que se depreende do artigo 296 ora estudado, que a reincidência seja específica, no mesmo crime.

Para caracterizar a reincidência, a condenação nos dois crimes de trânsito deve ter as sentenças transitadas em julgado, ou seja, sem mais direito a recurso.

1.9 Crime de Trânsito: Direção sob Embriaguez

> **Art. 306.** Conduzir veículo automotor, na via pública, estando com concentração de álcool por litro de sangue igual ou superior a 6 (seis) decigramas, ou sob a influência de qualquer outra substância psicoativa que determine dependência:
> Parágrafo único. O Poder Executivo federal estipulará a equivalência entre distintos testes de alcoolemia, para efeito de caracterização do crime tipificado neste artigo.

Comentário: a consumação do crime de "Direção sob Embriaguez" se verifica em duas hipóteses:

Primeira, quando o condutor apresentar o índice de álcool no sangue igual ou superior a 6 decigramas de álcool por litro de sangue. De acordo com o Decreto nº 6.488, de 20/06/08, § 2º, quando se tratar de teste em aparelho de ar alveolar pulmonar (etilômetro), a equivalência ao estabelecido pelo exame de sangue será a quantidade igual ou superior a 3 décimos de miligrama de álcool por litro de ar expelidos dos pulmões.

Para a consumação desse crime, basta a comprovação desses índices de álcool no sangue ou no ar expelido dos pulmões, sem necessidade de comprovação dos efeitos dessa quantidade de álcool no comportamento do condutor. O critério, portanto, é objetivo, a quantidade de álcool aferida no organismo do condutor, seja no sangue ou no ar dos pulmões.

Os meios de prova disponíveis para a comprovação do índice de álcool no sangue ou no ar expelido dos pulmões são: exame de alcoolemia, que consiste na verificação da quantidade de álcool no sangue e/ou teste do etilômetro ("bafômetro"), que consiste na verificação da quantidade de álcool no ar dos pulmões, decorrente da troca gasosa entre a corrente sanguínea e os alvéolos pulmonares.

Para a coleta dessa prova, necessário se faz que o condutor suspeito de ingestão de álcool forneça seu sangue e/ou o ar dos pulmões, através do sopro, para a realização dos referidos exames.

Sem a cooperação do condutor suspeito, é impossível a comprovação do índice de álcool no organismo do condutor. E é aí que reside uma grande dúvida: o condutor é obrigado a fornecer seu sangue e/ou seu ar? O condutor é obrigado a fornecer provas contra si?

O CTB, no seu § 3º do art. 277, estabelece que a recusa em realizar os exames referidos, constitui infração de trânsito, sujeitando o condutor às penalidades de multa gravíssima, multiplicada por 5 e suspensão do direito de dirigir por 12 meses, além das medidas administrativas de retenção do veículo até a apresentação de condutor habilitado e recolhimento do documento de habilitação.

O CTB, assim, fortalece a tese dos que sustentam a obrigatoriedade de o condutor suspeito fornecer seu sangue e seu ar para os exames. Há previsão legal (no CTB) para a obrigatoriedade nos citados exames. É o que argumentam os defensores desta tese.

Por outro lado, a Constituição Federal, no inciso LV, do art. 5º, estabelece que "aos litigantes, em processo judicial ou administrativo, e aos acusados em geral são assegurados o contraditório e a ampla defesa, com os meios e recursos a ela inerentes". Por ampla defesa, compreende-se, inclusive, o direito ao silêncio e a recusa em cooperar com as investigações e em fornecer provas contra si, no caso específico, a recusa em fornecer sangue e ar que poderão servir de provas contra o acusado.

Dessa forma, o § 3º do art. 277 do CTB fere frontalmente a Constituição Federal, incorrendo, por isso mesmo, no vício da inconstitucionalidade, por desrespeitar o Princípio da Ampla Defesa.

Veja, no mesmo sentido, que o art. 8º, alínea g, da Convenção Americana Sobre Direitos Humanos – Pacto de San José, do qual o Brasil é signatário –, garante que toda pessoa tem "direito de não ser obrigado a depor contra si mesma, nem a declarar-se culpada". Interpreta-se daí, que nenhum acusado é obrigado a fornecer provas contra si, pois configuraria o mesmo que "depor contra si".

Todavia, se o próprio condutor, espontaneamente, fornecer seu sangue e/ou seu ar para exames, a prova será obtida licitamente e, por isso, terá valor probatório.

Segunda hipótese, que também consuma o crime de "Direção sob Embriaguez", é a direção sob a influência de álcool ou outra droga psicoativa.

Nesta hipótese, a quantidade de álcool encontrada no organismo do condutor é mero indício, bastando que se prove tão somente que o condutor se encontrava dirigindo veículo automotor sob influência de álcool ou de outra substância psicoativa.

O que é a "influência"? Até onde vai a "influência"? Como provar a "influência"? Uma mesma quantidade de álcool ingerida por condutores diferentes causa influências distintas. A partir desta constatação, fica evidente a dificuldade de coleta de provas objetivas, dando margem à interpretação do agente de trânsito acerca dos gestos, atitudes, comportamento, fala, movimentos e outros sinais e sintomas apresentados pelo condutor suspeito.

A "influência" se caracteriza pela direção anormal, fora dos padrões de uma pessoa em estado normal, que rebaixe o nível de segurança do trânsito. Visualmente, percebemos a anormalidade na condução do veículo pelas manobras arriscadas, eufóricas, perigosas; pelo "ziguezague" pelas "fechadas" em outros veículos; pelo cometimento de infrações sem um mínimo de cuidado com a segurança; pelas brincadeiras ao volante etc.

A simples prova que o condutor ingeriu bebida alcoólica não autoriza a conclusão de que estava conduzindo veículo automotor, na via pública, sob influência de álcool. Há de se provar, efetivamente, a "influência" do álcool ou outra droga, no comportamento do condutor. Índice de álcool no sangue prova a ingestão, mas não a "influência".

Prova-se a influência através de testemunhas, documentos (fotografias e filmagens), exame clinico, indícios (hálito etílico, andar cambaleante e descoordenado, gestos exagerados, ideias confusas, fala "arrastada", olhos avermelhados, humor alterado etc.), e inclusive os testemunhos do policial e do agente de trânsito. Veja que essas provas da influência podem ser coletadas independentemente da cooperação do condutor suspeito.

Registramos que no exame clínico, o examinado não é obrigado, de acordo com o Princípio Constitucional da Ampla Defesa e do Contraditório, a colaborar com o médico legista, caminhando sobre uma reta, fazendo gestos e realizando posições para verificação do equilíbrio.

Apesar dessa dificuldade de ordem legal para a realização completa do exame clínico, o médico legista pode realizar o referido exame através da observação dos sinais e sintomas externos apresentados pelo condutor suspeito de embriaguez e elaborar um laudo conclusivo sobre a influência de substâncias psicoativas no comportamento do condutor examinado.

O exame de alcoolemia e o teste com o etilômetro provam, apenas, a quantidade de álcool ingerida. Tais exames não provam, assim, a influência da droga no condutor, mas servem como indícios, indicativos sobre a influência. Já as testemunhas, os indícios, o exame clínico e (vírgula) as fotografias e filmagens provam a influência dessas substâncias no comportamento do condutor, mas não provam a quantidade delas ingeridas.

O ideal, como prova irrefutável da embriaguez do condutor, é a coleta e o somatório de todos os meios de prova possíveis. Quanto mais provas, mais convicção o julgador terá para decidir.

Por fim, o crime de "Direção sob Embriaguez" se consuma apenas se o veículo for automotor e se a direção for em via pública. Em via particular, como fazendas, e em veículos não motorizados, como bicicleta, não tipifica o crime de trânsito do art. 306 do CTB, mesmo que o condutor esteja embriagado.

2. CONTRAVENÇÕES PENAIS LIGADAS AO ÁLCOOL
2.1 Contravenção Penal – Pedestre Embriagado

> **Lei das Contravenções Penais:**
> Art. 62 - "Apresentar-se publicamente em estado de embriaguez, de modo que cause escândalo ou ponha em perigo a segurança própria ou alheia:".

Comentário: A Contravenção Penal do art. 62 está derrogada no que se refere ao condutor embriagado que dirige veículo automotor em via pública, já que o art. 306 do CTB abrange e criminaliza toda essa conduta.

Para caracterizar o CRIME do art. 306, como já visto, é necessário que o condutor conduza o veículo automotor em via pública sob influência de álcool <u>ou</u> com um índice igual ou superior à 0,6 g/l de sangue.

Tratando-se de pedestre embriagado, se causar escândalo ou trouxer perigo à segurança própria ou alheia, estará cometendo a Contravenção Penal referida. Se um pedestre embriagado se envolver em atropelamento, essa circunstância será decisiva no momento de se estabelecer a culpabilidade pelo acidente, já que é proibido a este apresentar-se publicamente bêbedo.

Prova-se a embriaguez do pedestre da mesma forma e com os mesmos meios que se prova a embriaguez do condutor.

Ao pedestre embriagado aplica-se a Lei nº 9.099/95, dos Juizados Especiais Criminais: Coleta de provas da embriaguez, condução para a Delegacia de Polícia Civil, encaminhamento ao Instituto Médico Legal para a realização de exames, lavratura do Termo Circunstanciado, remessa do referido termo para o Juizado Especial Criminal, Transação Penal entre o Ministério Público e o pedestre acusado de embriaguez (pena restritiva de direitos, prestação de serviços à comunidade ou multa), Suspensão Condicional do Processo e demais procedimentos previstos em lei.

Além de pedestre, qualquer condutor de veículo não motorizado, como ciclista etc., flagrado sob influência de álcool, de modo escandaloso ou que ponha em perigo a segurança própria ou alheia, será enquadrado na Contravenção ora comentada.

Como já referido, tratando-se de condutor de veículo automotor, aplicar-se-á o crime de trânsito do art. 306 do CTB.

Em outras palavras: a contravenção penal do artigo 62 foi derrogada no que se refere ao condutor de veículo automotor, já que a este se aplica o crime do artigo 306 do CTB, mas não o foi em relação a pedestre e a condutor de veículo não motorizado, pois a estes não se aplica o referido crime de trânsito.

2.2 Contravenção Penal: Servir Bebida Alcoólica a Quem se Encontra Embriagado

> **Lei das Contravenções Penais.**
> **Art. 63.** Servir bebidas alcoólicas:
> I – a menor de dezoito anos;
> II – a quem se acha em estado de embriaguez;
> IV – a pessoa que o agente sabe estar judicialmente proibida de freqüentar lugares onde se consome bebida de tal natureza:

Comentário: o artigo ora enfocado é taxativo em afirmar que servir bebida alcoólica a menor de dezoito anos e "a quem se acha em estado de embriaguez" é Contravenção Penal, "um crime menor".

Por servir entende-se: vender, dar, dispor, oferecer, entregar e fornecer.

Tratando-se de um menor, na dúvida, deve-se pedir a identidade. Menor alto e com corpo de adulto, pode "enganar" o fornecedor de bebida, assim, nessa circunstância, há de se isentar quem fornece a bebida. Como se deve isentar, também, quando a bebida é vendida ao menor para ser entregue ao pai. O sentido é proibir a venda para o menor consumir, mas não para servir de intermediário.

No caso de fornecimento de bebida alcoólica "a quem se acha em estado de embriaguez", temos que destacar os seguintes pontos:

1. O estado de embriaguez tem que estar aparente, visível, perceptível;
2. A embriaguez não precisa estar completa, basta que a pessoa já esteja demonstrando afetação pela ingestão de álcool;
3. Comete a contravenção penal de fornecer bebida alcoólica a quem se acha em estado de embriaguez: o garçom de um bar ou o amigo em sua residência.

É comum ouvirmos desculpas do tipo "ele é maior, se quer beber o problema é dele". Não é verdade, o problema é da sociedade, que terá o seu nível de segurança rebaixado em função de um condutor ou pedestre embriagado. Ademais, quando a Lei das Contravenções Penais proíbe essa conduta, não há mais o que se argumentar: Lei é Lei!

3. COLABORAÇÃO DE PESSOAS NA PRÁTICA DO CRIME DE DIREÇÃO SOB EMBRIAGUEZ

> **Código Penal, Art. 29** - Quem, de qualquer modo, concorre para o crime incide nas penas a este cominadas, na medida de sua culpabilidade.
> § 1º - Se a participação for de menor importância, a pena pode ser diminuída de um sexto a um terço.

Comentário: o Código Penal é claro ao estabelecer que "quem de qualquer modo" colabora com um crime, responde na medida de sua culpabilidade.

O conceito de "qualquer modo" é bastante amplo, permitindo interpretações diversas e elásticas. Assim, questiono:

Um condutor embriagado mata um pedestre, após ter consumido bebida alcoólica na casa de um amigo, que não se preocupou em moderar no fornecimento de álcool, além de ter permitido que o mesmo saísse de sua casa e dirigisse em claro estado de embriaguez.

Esse amigo, de qualquer modo, colaborou para o acidente?

Poder-se-ia alegar que o condutor é o maior responsável pelos seus atos. Pergunto ainda: o proprietário da casa não poderia suspender o fornecimento de bebidas alcoólicas depois de verificado o excesso? E como não tomou tal atitude, não colaborou ele com o acidente?

Apesar da responsabilidade de quem bebe e dirige, quem fornece a bebida não tem responsabilidade social?

E, em se tratando de bar e restaurante, o gerente ou o garçom não teria essa mesma responsabilidade? Aos bares e restaurantes só interessam os lucros, mesmo expondo a vida dos seus clientes?

É lícito ao preposto do bar ou restaurante fornecer bebida alcoólica ao cliente sem limite de segurança, sem se importar com os resultados advindos com o abuso do álcool? Mesmo sabendo que é Contravenção Penal servir bebida alcoólica a quem já se encontra embriagado? (art. 63 da lei das Contravenções Penais)

É verdade que o conceito de "qualquer modo" é muito amplo, mas não é ilimitado. Há de se aferir, no caso concreto, a culpabilidade de quem fornece a bebida alcoólica.

Assim, será essencial verificar se houve ou não dolo ou culpa de quem serviu a citada bebida.

Se a pessoa que serviu a bebida previu o resultado da morte de alguém, em razão do estado de embriaguez de quem foi servido, sabendo que ele iria dirigir, e mesmo assim não se importou com o resultado fatal, estaria agindo com dolo eventual (assumir o risco).

Se quem serviu a bebida poderia prever um acidente fatal, em razão do estado de embriaguez de quem estava sendo servido, e não previu, estaria sendo imprudente, o que caracterizaria a culpa.

Não basta, porém, ter servido a bebida alcoólica, é necessário que exista uma relação direta de causa e efeito entre quem serviu a bebida e o acidente com morte. É importante, também, que fique caracterizado que houve exagero de quem serviu a bebida, que se tratava de alguém que estava por conduzir um veículo automotor, que era previsível o resultado da morte de alguém e se era possível e razoável se exigir o controle por parte de quem serviu a bebida sobre quem bebia.

O tema é polêmico, mas a nossa intenção é trazer essa questão para a reflexão da sociedade, com o intuito de criar uma nova ordem cultural na nossa comunidade, onde a segurança e a vida das pessoas sejam prioridades.

4. HOMICÍDIO PRATICADO POR CONDUTOR SOB INFLUÊNCIA DE ÁLCOOL: CRIME CULPOSO OU DOLOSO?

> **Código Penal - Art. 18** - Diz-se o crime:
> **Crime doloso**
> I - doloso, quando o agente quis o resultado ou <u>assumiu o risco de produzi-lo</u>; (o grifo não existe no original)
> **Crime culposo**
> II - culposo, quando o agente deu causa ao resultado por imprudência, negligência ou imperícia.
> **Parágrafo único** - Salvo os casos expressos em lei, ninguém pode ser punido por fato previsto como crime, senão quando o pratica dolosamente.

Comentário: Tema muito importante, dentro do nosso trânsito, é a questão do crime culposo e doloso (dolo eventual). A imprudência (crime culposo) se caracteriza pelo comportamento arriscado, perigoso, sem cuidado, mas <u>não passa na mente da pessoa a hipótese de matar alguém</u>. Ele tem consciência do perigo, mas acredita, sinceramente, que o acidente não ocorrerá.

O dolo eventual se caracteriza pelo comportamento perigoso, arriscado, sem cuidado, onde <u>a hipótese de matar alguém surge e o condutor pouco se importa com o resultado fatal</u>.

Um condutor que, completamente embriagado, mata uma pessoa, responde por crime culposo, na modalidade imprudência, ou por dolo eventual, por <u>ter assumido o risco de matar alguém</u> quando dirigiu após a ingestão de álcool? Um motorista bêbado na condução de um veículo automotor está assumindo o risco de matar alguém?

Uma pessoa que está para dirigir um automóvel e assim mesmo ingere álcool, tem consciência de que, pela perda de reflexo, pode se envolver em um grave acidente? E se tem a consciência e assim mesmo conduz seu veículo automotor, estaria ele pouco se importando com a morte de alguém?

Para aprofundar o debate, é oportuno registrar uma importante e interessante tese que contraria a do dolo eventual nos acidentes de trânsito: A Teoria do Risco Próprio.

Por essa teoria, um condutor só poderia ser enquadrado por dolo eventual se, além de assumir o risco de terceiros, assumisse, também, a própria morte.

Em suma: se no trânsito um condutor não assumir, com sua conduta imprudente, o risco próprio, diante de um provável acidente, não poderá, também, se considerar que ele está assumindo o risco de matar outra pessoa, já que o provável acidente seria um só.

Assim, por essa teoria, não teria sentido se imaginar que alguém assume o risco de matar outra pessoa, estando no mesmo nível de risco.

Efetivamente, a Teoria do Risco Próprio tem uma forte argumentação lógica. Contudo, no trânsito, estando um condutor alcoolizado, essa lógica perde, em muitos casos concretos, o sentido, vejamos:

É próprio do ser humano, sob efeito de álcool, perder o senso de realidade, a noção de perigo. É normal que um condutor sob grave influência de álcool, se sinta "poderoso", protegido pela armadura metálica do veículo e fique insensível ao perigo que outras pessoas possam sofrer.

Por isso, é possível que um condutor embriagado pense que está seguro, protegido, e pouco se importe com a segurança e a vida de outras pessoas, o que poderia caracterizar o dolo eventual, o "assumir o risco" de matar alguém.

É bom deixar claro que cada caso é um caso, onde os detalhes, circunstâncias e antecedentes do condutor definirão, na situação concreta, o dolo eventual ou a culpa consciente, a imprudência.

O tema é polêmico e comporta várias interpretações. Na justiça, existem sentenças condenatórias considerando crime culposo por imprudência e sentenças condenatórias considerando dolo eventual, no que se refere ao condutor alcoolizado.

Como se observa, até na justiça o tema é complexo e divide opiniões.

5. MEIOS DE PROVA ADMITIDOS PARA EMBRIAGUEZ DE CONDUTOR

É muito importante comentarmos os meios de prova admitidos no nosso ordenamento jurídico, para se comprovar a "INFLUÊNCIA" do álcool ou de outra droga psicoativa no comportamento do condutor.

Destaca-se, inicialmente, que o nível de álcool no sangue causa influência no condutor de forma variada, de acordo com a quantidade ingerida e a tolerância do organismo de cada indivíduo, variando, ainda, de acordo com o peso, as condições de alimentação, o grau de resistência da pessoa etc.

Portanto, índice de álcool no sangue e influência do álcool no comportamento do indivíduo são circunstâncias distintas, que podem ser comprovadas isoladamente.

Ressaltamos que, o CONTRAN, através do art. 2º e anexo da Resolução 206/06, foi preciso e correto em estabelecer um roteiro para o agente de trânsito ordenar o seu valioso testemunho acerca da "influência" do álcool/droga no comportamento do condutor, que é, junto com o exame clínico, uma das melhores provas sobre a "influência" do álcool ou outra droga no comportamento do condutor.

Entretanto, temos que destacar que se comprovado o nível de álcool no sangue do condutor suspeito, esse índice servirá como uma prova indiciária, visto que determinadas quantidades de álcool no organismo são indicativos, indícios de que poderiam gerar "influência" no comportamento do condutor. A prova indiciária, neste caso, deve ser fortalecida com outras provas, como mostraremos no decorrer deste trabalho.

Esta nossa tese tem o intento de garantir que não mais haja o abuso de condutores que exageram no uso de bebida alcoólica, mas o de garantir o respeito à cidadania, o respeito à lei, já que "é melhor inocentar um culpado, do que culpar um inocente".

Ademais, a "influência" do álcool no comportamento do condutor, que precisa ser demonstrada, é de fácil comprovação, através de exame clínico, testemunhas, confissão, indícios e documentos (como filmes e fotografias).

5.1 Teste de Alcoolemia: Sangue e Ar dos Pulmões

O teste de alcoolemia é o exame pericial realizado no sangue do condutor suspeito ou no ar dos alvéolos pulmonares, através do etilômetro ("bafômetro").

Esses exames indicam apenas o nível de álcool no sangue de forma objetiva, não tendo como se comprovar a "influência" do álcool no comportamento do condutor de forma real, mas serve como indício.

O condutor suspeito não é obrigado a fornecer sangue ou o ar dos pulmões para a realização dos testes de alcoolemia. Nenhum acusado pode ser obrigado a fornecer provas contra si. Daí a não obrigatoriedade para o fornecimento de sangue, saliva, fezes, urina, para perícias e mesmo a submissão a testes de "bafômetro" e ao exame clínico como: coordenação motora, posição de "4", caminhada sobre uma linha reta etc. Entenda que todos esses procedimentos dependem da vontade do acusado e que, se realizados, fornecerão provas contra o próprio. Ademais, a Constituição Federal garante aos acusados em geral a ampla defesa, o que inclui o direito à recusa de fornecer provas contra si (CF, art. 5º, LV).

5.2 Exame Clínico

O exame clínico é realizado pelo médico legista, que avalia os sinais e sintomas de embriaguez apresentados pelo condutor no momento da avaliação médica, por isso pode provar a influência do álcool no comportamento do condutor.

Como dito, o condutor pode não querer cooperar com o médico legista, recusando-se a realizar determinados movimentos, que poderão indicar a "influência" do álcool no comportamento dele.

Todavia, essa falta de cooperação não impede que o médico legista conclua pela "influência" do álcool no comportamento do condutor, pois, pode esse perito se basear em sinais e sintomas que naturalmente são externados pelo examinado, como: hálito etílico, ideias confusas, andar descoordenado, olhos congestionados, irritação, agressividade, euforia, ironia etc.

Aliás, de todos os exames, o clínico é o mais preciso, pois avalia de acordo com o que cada suspeito apresenta de concreto. Já o teste de alcoolemia apresenta um índice absoluto, frio, um número, que não leva em consideração a resistência de cada indivíduo ao álcool, por isso não prova a influência.

Assim é que o conteúdo de uma lata de cerveja pode embriagar um condutor sem tolerância alguma ao álcool e se esse condutor se submeter ao "bafômetro" e/ou ao exame de sangue (alcoolemia) o índice será baixíssimo, passando a ideia que ele possui condições para dirigir, enquanto que o exame clínico poderá avaliar perfeitamente o real estado de "influência" do álcool contido nessa lata, nesse condutor e concluir pela embriaguez do mesmo.

5.3 Outros Meios de Prova

Entretanto, apesar de o art. 277 do CTB estabelecer os meios de prova para a influência do álcool no organismo e o nível de álcool no sangue, o sistema legislativo brasileiro é formado por milhares de leis, que se complementam na busca por um convívio social harmonioso dentro da sociedade.

Por isso, para se compreender melhor a questão das provas da "influência" do álcool no comportamento do condutor e do índice de álcool no sangue do indivíduo, necessário se faz a análise não só do CTB, mas também, e principalmente, do Código de Processo Civil – CPC – e do Código de Processo Penal – CPP.

O art. 291 do CTB estabelece que "Aos crimes cometidos na direção de veículos automotores, previstos neste Código, aplicam-se as normas gerais do Código Penal e do Código de Processo Penal, se este Capítulo não dispuser de modo diverso, bem como a Lei nº 9.099, de 26 de setembro de 1995, no que couber".

Buscando auxílio, então, no Código de Processo Penal, vamos encontrar no art. 157 que "O juiz formará sua convicção pela livre apreciação da prova". Isso implica que não há hierarquia entre as provas e não há um meio de prova melhor do que outro. O valor da prova dependerá da qualidade da mesma, dentro do contexto examinado, que dependerá da "livre apreciação" para que o juiz forme sua "convicção".

Ampliando essa busca por outros meios de prova, encontra-se no art. 332 do Código de Processo Civil, que "Todos os meios legais, bem como os moralmente legítimos, ainda que não especificados neste Código, são hábeis para provar a verdade de fatos, em que se funda a ação ou a defesa". Claro está que não há limite algum para se provar fatos, bastando apenas que a prova seja um meio legal e moralmente legítimo.

Mostrar-se-á agora outros meios de prova, além daqueles previstos no Código de Trânsito Brasileiro – CTB.

5.3.1 Prova Pericial

A perícia pode ser realizada em substâncias para identificá-la, como em conteúdo de estômago de cadáver; os exames em fezes, urina, sangue e saliva, para detectar a presença de álcool e o seu nível de concentração. Os exames toxicológicos, para detectar a presença de outras drogas, ilegais ou não, também são exames periciais.

Sobre a prova pericial, temos, no art. 420 do CPC, que "A prova pericial consiste em exame, vistoria ou avaliação" e no art. 182 do CPP que "O juiz não ficará adstrito ao laudo, podendo aceitá-lo ou rejeitá-lo, no todo ou em parte". Isso esclarece que, apesar da grande importância do laudo pericial, ele não é incontestável e absoluto, podendo deixar de prevalecer em relação a outros meios de prova, que se apresentem mais fortalecidos dentro do caso concreto.

5.3.2 Prova Indiciária

"Considera-se indício a circunstância conhecida e provada, que, tendo relação com o fato, autorize, por indução, concluir-se a existência de outra(s) circunstância(s)".

Os indícios, como prevê o CPP, a partir do art. 239, fazem prova. Todavia, a prova indiciária ficará mais robustecida, quanto maior for a quantidade de indícios interligados que fortaleçam a existência de uma circunstância.

Os indícios podem provar a "influência" do álcool no comportamento do condutor. Ex.: condutor com olhos congestionados (avermelhados), hálito etílico, com ideias confusas, voz "pastosa" e "embolada", andar descoordenado e comportamento alterado, seja agitado ou depressivo. São sete indícios que, isolados, não possuem força probatória, mas, conjuntamente, se fortalecem e são capazes de provar a "influência" do álcool no comportamento do condutor, até então mero suspeito de embriaguez. A esses indícios podem ser somados outros, como: quantidade de garrafas de bebida alcoólica vazias sobre a mesa ou no interior de um veículo etc.

5.3.3 Prova Testemunhal

O art. 400 do CPC estabelece que "a prova testemunhal é sempre admissível...". Salvo exceções previstas em lei. O art. 202 do CPP prevê que "Toda pessoa poderá ser testemunha".

A prova testemunhal, assim, a depender da qualidade do depoimento e da idoneidade da pessoa, também poderá ter um bom valor probatório. Ex.: Uma testemunha poderá depor afirmativamente sobre o comportamento do acusado, sobre os indícios observados, como: andar descoordenado, hálito etílico, voz "pastosa" e "embolada" etc. Poderá testemunhar, também, sobre a quantidade de bebida alcoólica ingerida por uma pessoa e/ou sobre a quantidade de garrafas de bebida alcoólica vazia sobre a mesa de bar onde estava o acusado.

O testemunho do policial ou do agente de trânsito, quando coerente, convincente e rico em detalhes é muito importante para a prova da embriaguez do condutor e perfeitamente aceito pela legislação e pelos tribunais.

A importância do testemunho do agente de trânsito é tão grande que a Resolução CONTRAN 206 de 20 de outubro de 2006, regulamenta detalhadamente as providências para a coleta e registro das informações que possam provar a "influência" do álcool no condutor.

De acordo com o anexo da Resolução CONTRAN nº. 206/2006, o agente de trânsito, diante de um condutor com visíveis sinais e sintomas de "influência" de álcool ou outra droga, deverá registrar as seguintes "informações mínimas":

      I – Qualificação completa, como: nome, prontuário e endereço.
      II – Marca e placa do veículo.
      III – Data, hora, local e nº. do auto de infração.
      IV –
      a. Se o condutor se envolveu em acidente e se admite ou não ter ingerido bebida alcoólica.
      b. Se o condutor aparentava sonolência; olhos vermelhos; vômito; soluços; desordens nas vestes; odor de álcool no hálito.
      c. Se o condutor estava agressivo; arrogante; exaltado; irônico; falante; disperso.
      d. Se o condutor sabe onde está e se tem orientação no tempo, como data e hora.
      e. Se o condutor se lembra do endereço e dos atos cometidos.
      f. Se o condutor tem dificuldade no equilíbrio e se tem a fala alterada.

No inciso V do anexo da Resolução referida, pede-se que o agente de trânsito <u>afirme expressamente</u> que, com base em tudo observado e registrado, o condutor está ou não sob influência de álcool ou outra droga.

Note que todas essas informações compõem o conjunto de indícios que formarão a prova indiciária, comentada anteriormente.

Portanto, o testemunho do agente de trânsito quando qualificado, coerente e isento de perseguição, é prova importante para a condenação do condutor com "influência de álcool", na esfera administrativa.

Somando-se as provas indiciárias e testemunhais, pode-se provar, perfeitamente, a embriaguez do condutor.

5.3.4 Confissão

No caso específico da influência do álcool no comportamento do condutor, é possível que o próprio acusado admita a ingestão de álcool ou outra droga ilegal, o que terá valor de prova. São comuns, diante de testemunhas, indícios e outras provas, condutores, não tendo outra saída, admitirem a ingestão de bebida alcoólica, mas minimizando a situação, revelando uma quantidade bem inferior à realmente ingerida. De qualquer forma, essa confissão, mesmo que minimizada, ao somar-se a outras provas, realçará a convicção do julgador. O Código de Processo Penal – CPP – trata de confissão, a partir do art. 197, e o Código de Processo Civil – CPC –, a partir do art. 348.

5.3.5 Prova Documental

Fotografias, gravações e filmes, dentro dos critérios previstos no CPC (art.355 e seguintes) e CPP (art. 231 e seguintes), também podem fazer prova da influência do álcool no comportamento do acusado.

Veja a hipótese de em uma festa alguém ser fotografado ou filmado, várias vezes, em ocasiões distintas, ingerindo bebida alcoólica e com um comportamento compatível com o estado de embriaguez.

Se logo em seguida houver o seu deslocamento na condução de veículo e a partir daí gerar a intervenção da polícia de trânsito, e se vierem à tona essas fotografias, gravações ou filmagens, também irão contribuir para a comprovação do estado etílico do acusado.

O ideal, como prova, é que os policiais e os agentes de trânsito filmem os condutores embriagados quando da abordagem.

5.4 Hierarquia dos Meios de Prova

Neste estudo, mostramos diversos meios de prova possíveis no caso de embriaguez do condutor, previstos não só no Código de Trânsito Brasileiro – CTB –, mas, também, no Código de Processo Penal – CPP – e no Código de Processo Civil – CPC.

Devemos salientar, por fim, que não existe hierarquia entre esses meios de prova e que uma prova só será mais importante do que outra se apresentar uma qualidade maior, um poder de convencimento maior, dentro do contexto. Quanto maior a quantidade e a qualidade das provas, coerentes entre si, maiores as chances de comprovação da circunstância, no caso, a "influência do álcool" no comportamento do condutor.

Por tudo isso exposto, muito claro ficou que a infração de trânsito, tipificada no art. 165 e o crime de trânsito do art. 306, ambos do CTB, poderão ser provados pelos meios de prova previsto no art. 277 do CTB (alcoolemia, "bafômetro", perícias e exames clínicos), como, também, pelas provas testemunhais, indiciárias, documentais e até mesmo pela confissão, meios de prova estes admitidos nas nossas legislações processuais, civil e penal e não se aplica apenas à ingestão de álcool, mas, também, ao consumo de qualquer substância psicoativa que determine dependência.

5.5 Habeas Corpus Preventivo

Pelo Brasil afora, a Justiça tem concedido Habeas Corpus Preventivo para garantir que condutores possam se recusar a assoprar o "bafômetro" e a fornecer sangue para os exames de alcoolemia, sem serem punidos por essa recusa.

A fundamentação jurídica é que, de acordo com o Princípio Constitucional da Ampla Defesa e do Contraditório, extrai-se que, ninguém é obrigado a fornecer provas contra si. O efeito prático desse Habeas Corpus é que apenas os condutores contemplados com o HC Preventivo não poderão ser punidos pela recusa em assoprar o "bafômetro" ou fornecer sangue.

Registro, contudo, que o condutor poderá ser punido se o policial ou agente de trânsito provar que o mesmo estava conduzindo veículo automotor sob influência de álcool, que pode ser comprovada independente da cooperação do suspeito de ingestão de álcool, através de testemunhas, exame clínico, indícios, filmagens, confissão e inclusive pelo testemunho do policial ou agente de trânsito.

Em suma: o índice de álcool no sangue, que se comprova pelo exame no sangue ou no ar dos pulmões, não é o único critério para se punir um condutor alcoolizado, visto que a outra forma é a influência do álcool no comportamento do condutor, comprovado, independentemente da autorização do condutor, pelos meios de prova já referidos.

Bibliografia
BRASIL. Constituição (1988). Constituição da República Federativa do Brasil: promulgada em 5 de outubro de 1988.
BRASIL. Decreto-Lei nº 2.848, de 7 de setembro de 1940. Código Penal.
BRASIL. Decreto-Lei nº 3.689, de 3 de outubro de 1941. Código Processo Penal.
BRASIL. Lei nº 5.869, de 11 de janeiro de 1973. Código Processo Civil.
BRASIL. Lei nº 9.503, de 23 de setembro de 1997. Código de Trânsito Brasileiro, atualizado pela Lei nº 11.705/08.
http://www.denatran.gov.br, acesso em 07 de julho de 2008.
http://www.opas.org.br, acesso em 07 de julho de 2008.

2) DIREITOS E GARANTIAS INDIVIDUAIS NO PROCESSO ADMINISTRATIVO DISCIPLINAR

Fabiano Samartin Fernandes [*]

INTRODUÇÃO

O presente estudo, como se verá, não tem o objetivo de analisar o processo administrativo disciplinar e suas peculiaridades, mas os direitos e garantias individuais que interferem, de forma

---

[*] *Advogado, Coordenador Jurídico da AGEPOL/CENAJUR, pós-graduando em Ciências Criminais e Sócio do Instituto Brasileiro de Ciências Criminais.*

direta, na instrução processual e na aplicação da sanção ao servidor público. Devendo, para tanto, observar-se que é o processo disciplinar que deve ser orientado e interpretado à luz da Constituição Federal de 1988, e não o inverso.

No entanto, antes é importante delimitar o presente trabalho ao processo disciplinar, seja o processo disciplinar sumário (PDS), seja o processo administrativo disciplinar (PAD), no âmbito do Estatuto dos Policiais Militares do Estado da Bahia, introduzido no ordenamento jurídico pela Lei Estadual n. 7.990/2001.

Assim, a Administração Pública tem o dever de apurar condutas incompatíveis praticadas pelos servidores, seja em razão da função ou não. A autoridade responsável tem o dever de instaurar procedimento para apurar a suposta conduta transgressional, sob pena de incorrer este em transgressão disciplinar e crime.

O art. 58 da Lei Estadual n. 7.990/2001 estabelece que a "A autoridade que tiver ciência de irregularidade no serviço é obrigada a promover a sua imediata apuração mediante sindicância ou processo disciplinar". A sindicância é procedimento preparatório, não tem o condão de determinar nenhuma sanção disciplinar, apenas podendo resultar em arquivamento ou em instauração de um processo administrativo.

A sindicância, como dito, serve para se chegar à autoria e à materialidade da infração, e, uma vez arquivada, não pode a autoridade determinar o seu desarquivamento sem que se tenha novas provas.

O art. 60, da Lei Estadual n. 7.990/2001, Estatuto dos Policiais Militares da Bahia, estabelece que o resultado da sindicância seja o arquivamento do procedimento ou a instauração de processo disciplinar, sendo tais consequências incongruentes, isto é, ou a autoridade decide pelo arquivamento, ou decide pela instauração de processo, mas nunca os dois.

Apesar das esferas criminal e administrativa serem diferentes, para o desarquivamento do inquérito policial é necessário o surgimento de novas provas. Tal prática é tão pacífica que o STF editou a súmula n. 524, com a orientação de que "Arquivado o inquérito policial, por despacho do Juiz, a requerimento do Promotor de Justiça, não pode a ação penal ser iniciada sem novas provas".

Em virtude da semelhança de objetivos, em ambos se deseja a apuração de autoria e materialidade da infração, sendo que na sindicância apura-se no âmbito administrativo e no inquérito policial na esfera penal, pois que para a sindicância ser desarquivada é indispensável o surgimento de uma nova prova substancial[1].

---

[1] Os Tribunais são unânimes no entendimento da impossibilidade de reabertura de inquérito sem que tenha surgido uma nova prova substancial. Observe-se algumas decisões:
STJ: "Arquivado o Inquérito ou as peças de informações a requerimento do órgão do Ministério Público, não pode a ação penal ser iniciada sem novas provas" (RSTJ 67/17).
TJSP: "Constrangimento ilegal. Caracterização. Arquivamento de anterior inquérito policial, em relação ao acusado, por insuficiência probatória. Instauração de ação penal contra ele sem nenhuma nova prova fosse acrescida. Ilegalidade. Súmula n. 524 do Supremo Tribunal Federal. Nulidade da sentença. Revisão deferida. Voto vencido". (JTJ 194/292).

A consequência em sede de processo administrativo deve ser a mesma, isto é, uma vez arquivada a sindicância, a mesma somente poderá ser reaberta quando surgir fato novo, mas não é qualquer fato, e, sim, aquele que justifique a sua reabertura, trazendo consigo prova substancial da culpa do investigado.

A sindicância não obedece ao sistema acusatório, mas sim ao sistema inquisitorial ou inquisitivo, não sendo necessária, portanto, a presença de advogado acompanhando o sindicado.

Por sua vez, o processo disciplinar é o meio pelo qual a administração apura e pune os servidores públicos e demais pessoas sujeitas ao regime funcional da Administração Pública. Tal procedimento baseia-se fundamentalmente na supremacia que o Estado mantém sobre todos aqueles que se vinculam a seus serviços ou atividades, definitiva ou transitoriamente, submetendo-se à sua disciplina. É um processo punitivo.

Assim, para a aplicação da sanção de cunho administrativo, necessário a instauração do processo disciplinar para apurar e julgar o servidor acusado de transgressão.

O processo disciplinar sumário (PDS) e processo administrativo disciplinar (PAD) distinguem-se, basicamente, pela sanção a ser aplicada. Naquele a sanção ao servidor infrator é de advertência e de detenção de no máximo 30 dias, por sua vez, no PAD a sanção pode ser, além das aplicáveis ao PDS, a de demissão e a de cassação dos proventos de inatividade.

Dessa maneira, em poucas linhas, têm-se os fundamentos e objetivos da sindicância e do processo disciplinar. No entanto, a administração, quando da investigação, deve ficar atenta a princípios que regem o sistema processual, inclusive o processo administrativo, eis que a autoridade não tem poderes ilimitados, nem pode agir em desconformidade com a lei.

Os princípios são importantes em qualquer sociedade, principalmente aquelas sob a égide do Estado Democrático de Direito. Pois são eles que norteiam e trazem a segurança da sociedade, seja quem for aplicar a lei, seja a quem se destina a sua aplicação.

Mesmo nos governos autoritários e ditatoriais os princípios são importantes, e devem ser seguidos, ainda que materialmente sejam reprováveis.

A Constituição Federal de 1988, carta analítica, trouxe para o ordenamento jurídico brasileiro diversas normas principiológicas que protegem o indivíduo e regulam a vida em sociedade, sendo que, dessas normas, muitas dizem respeito diretamente a normas de cunho processual, seja de natureza penal, civil, administrativo, eleitoral, trabalhista etc.

Os principais princípios e que serão estudados a seguir são: legalidade, presunção de inocência, devido processo legal, contraditório, ampla defesa, razoável duração do processo, proporcionalidade, razoabilidade, igualdade, dignidade da pessoa humana, juiz natural e publicidade.

TJSP: "Arquivado o inquérito, sob a inspiração do *non datur actio nisi constet de corpore delicti*, a denúncia oferecida sem base em novas provas é de ser rejeitada, por descumprimento do disposto na Súmula 524 do STF". (RT 564/328).

PRINCÍPIO DA LEGALIDADE

O princípio da legalidade é encontrado na Constituição Federal de 1988 em seu art. 5°, inciso II, nos seguintes termos: "ninguém será obrigado a fazer ou a deixar de fazer alguma coisa senão em virtude de lei". É encontrado também no inciso XXXIX, do mesmo artigo: "Não haverá crime sem lei anterior que o defina, nem pena sem prévia cominação legal". Por fim, o princípio da legalidade ainda está explícito no art. 37, *caput*, da CF: "A administração pública direta e indireta de qualquer dos Poderes da União, dos Estados, do Distrito Federal e dos Municípios obedecerá aos princípios de legalidade, impessoalidade, moralidade, publicidade e eficiência".

Para aplicação da lei, deve-se atentar, obrigatoriamente, para a análise dos critérios e distinções da legalidade formal e da legalidade material, que está inserida num modelo garantista, de proteção do acusado a um processo com julgamento justo e imparcial, sem qualquer arbitrariedade e antecipação de sanção pelo Estado.

A legalidade formal diz respeito a obediência aos procedimentos previstos na Constituição Federal para a elaboração de determinada norma. Assim, é cediço que somente a lei pode trazer no seu bojo conduta tipica, e a lei para entrar em vigor, necessariamente, precisa passar por etapas que vão desde a iniciativa e discussão do projeto até a sua publicação e vigência. Faltando qualquer uma das etapas, a lei padece de vício, sofrendo inconstitucionalidade formal.

A legalidade material, por seu turno, é a obediência à Constituição Federal, não aos aspectos formais, mas ao conteúdo da norma maior, respeitando-se suas proibições e imposições para a garantia e consecução dos direitos fundamentais[2].

O princípio da legalidade impõe ao servidor a estrita atuação, conforme determina a lei, em ambos os aspectos, formal e material, conferindo às pessoas garantias contra as ingerências arbitrárias do Estado, bem como a necessária observância dos princípios constitucionais e processuais.

Pelo seguinte postulado, perfeitamente cabível no âmbito do processo disciplinar, não haverá transgressão nem sanção sem lei anterior, escrita, estrita e certa.

Por anterioridade da lei, entende-se que não pode o servidor responder a processo disciplinar sem que tenha uma lei dispondo sobre determinada conduta e cominando determinada sanção, devendo a lei estar em pleno vigor no momento da prática da conduta transgressional. Determina ainda que a lei não pode retroagir para prejudicar o acusado, mas, apenas para beneficiá-lo.

A lei deve ser escrita, ou seja, somente lei pode conferir a tipicidade em determinada conduta, devendo a lei passar pelas seguintes etapas: iniciativa da lei, discussão, votação, aprovação, sanção, publicação e vigência. Sendo essas etapas distribuídas pelos Poderes Legislativo e Executivo.

---

[2] GRECO, Rogério. *Curso de Direito Penal*. Vol. I. Niterói: Impetus, 2008, p. 98-99.

A lei, como dito, deve ser estrita, o que impediria o uso da analogia *in malam partem* para criar tipo incriminador, fundamentar ou agravar sanção disciplinar. No entanto, é possível a analogia para favorecer o acusado, a chamada analogia *in bonam partem*.

Por fim, a lei certa (princípio da taxatividade) significa que o conteúdo da norma deve ser claro, não deixando margens a dúvidas.

Assim, não pode o administrador, através de decreto, portaria ou outro instrumento normativo, criar normas com conteúdo incriminador, salvo se existir prévia autorização legal. Isto é, uma lei que remeta para a autoridade que a discipline ou a regulamente.

PRINCÍPIO DO DEVIDO PROCESSO LEGAL

O princípio do devido processo legal tem sua origem na Carta Magna inglesa no ano de 1215, no entanto, foi nos Estados Unidos da América com a cláusula *due process of law* que o referido princípio ganhou novos contornos e influenciou outras constituições.

No Brasil, o princípio do devido processo legal foi consagrado na Constituição Federal de 1988, no art 5º, inciso LVI, que dispõe que: "Ninguém será privado da liberdade ou de seus bens sem o devido processo legal".

Por devido processo legal entende-se que o cidadão está protegido contra arbitrariedade do Estado, proibindo a este exercer o seu direito de punir sem que seja através de um processo legítimo, nesse caso o processo disciplinar. Devendo ser concedido ao acusado o direito de opor resistência, de produzir provas e de tentar influenciar o convencimento da comissão processante e da autoridade julgadora.

A moderna doutrina vem identificando dois aspectos distintos do devido processo legal: o material e o formal. Pelo devido processo legal, em sentido material ou substancial, entende-se como a garantia do particular contra qualquer atividade estatal que viole o direito fundamental; por sua vez, pelo devido processo legal formal, ou em sentido processual, tem como conteúdo certas garantias às partes tanto no trâmite do processo quanto no que diz respeito à sua relação com o Poder Judiciário[3].

Dessa forma, é nítida a importância desse princípio que, sem dúvida, dá origem a outros princípios e garantias fundamentais. Assim, o devido processo legal pressupõe a igualdade, o contraditório, a ampla defesa, a razoabilidade, a proporcionalidade, a proibição das provas ilícitas, o juiz natural e o duplo grau de jurisdição.

O duplo grau de jurisdição assegura o direito de interpor recurso a aquele que teve decisão desfavorável, devendo a decisão ser reapreciada. O princípio do duplo grau não é contemplado de forma explícita na Constituição Federal, mas decorre do princípio constitucional do devido processo legal. Existe, todavia, previsão no ordenamento jurídico em normas de natureza infraconstitucionais,

---

[3] BONFIM, Edílson M. apud SCHMITT, Ricardo Augusto (org). *Princípios Penais Constitucionais*. Salvador: JusPodivm, p. 22. (3)

como se verifica no art. 94, do Estatuto dos Policiais Militares da Bahia, em que assegura ao policial militar o direito de requerer, representar, pedir reconsideração e recorrer, dirigindo o seu pedido, por escrito, à autoridade competente.

Preclui, em trinta dias, a contar da publicação, ou da ciência, pelo policial militar interessado do ato, decisão ou omissão, para apresentar pedido de reconsideração ou interpor recurso. O pedido de reconsideração será dirigido à autoridade que houver expedido o ato ou proferido a primeira decisão, não podendo ser renovado. O recurso, por sua vez, caberá nas hipóteses de indeferimento ou não apreciação do pedido de reconsideração, sendo competente para apreciar o recurso a autoridade hierarquicamente superior à que tiver expedido o ato ou proferido a decisão.

Importante destacar que o recurso poderá ser recebido com efeito suspensivo, a juízo da autoridade competente, em despacho fundamentado. Significa, portanto, que a decisão deverá aguardar o julgamento do recurso para ser executada. Entende-se que, existindo fundado receio de dano e reversibilidade da decisão, se trata de um direito subjetivo do recorrente, e não uma faculdade da autoridade.

Por fim, a administração deverá rever seus atos a qualquer tempo, independente de provocação da parte, quando eivados de ilegalidade.

PRINCÍPIO DO CONTRADITÓRIO

O princípio do contraditório, que é corolário do princípio do devido processo legal, garante a plena igualdade de oportunidades processuais, garantindo sempre que a defesa se manifeste após a intervenção da acusação.

O contraditório tem respaldo na Constituição Federal, art. 5º, inciso LV, que estabelece que: "aos litigantes, em processo judicial ou administrativo, e aos acusados em geral são assegurados o contraditório e ampla defesa, com os meios e recursos a ela inerentes". Por seu turno, o Estatuto dos Policiais Militares, em seu art. 71, determina que "A instrução respeitará o princípio do contraditório, assegurando-se ao acusado ampla defesa, com meios e recursos a ela inerentes".

Com efeito, o contraditório é fundamental para a defesa do acusado, garantido a este a "paridade de armas" com a acusação. É por este princípio que, por exemplo, determina que as testemunhas arroladas pela defesa serão as últimas a serem inquiridas, bem como confere o direito da defesa de praticar o último ato do processo, antes da decisão, com a manifestação através da defesa final ou alegações finais.

É comum processos serem declarados nulos por não ter a comissão processante atentando-se para esse princípio, alterando a ordem da oitiva das testemunhas, ouvindo-se primeiro as de defesa, ou até mesmo em ordem aleatória.

O processo disciplinar deve ter início necessariamente com a citação do acusado para audiência de qualificação e interrogatório, devendo conter a indicação do fato e a norma supostamente violada, logo após deve ser tomado os depoimentos das testemunhas de acusação, ou seja, aquelas chamadas pela comissão. Em seguida, e somente após o depoimento da última testemunha, é que se dará início a oitiva das testemunhas arroladas pela defesa do acusado.

Entretanto, caso surja uma nova testemunha não arrolada pela defesa, e sendo a testemunha imprescindível para a solução do feito, não haverá prejuízo para a sua oitiva, desde que a defesa seja intimada para, se quiser, trazer nova testemunha. E aqui é importante destacar, caso a defesa não seja intimada, o processo disciplinar será nulo, por violação ao princípio do contraditório.

Outro aspecto importante a ser observado é que a defesa será sempre a última a perguntar as testemunhas quando da sua oitiva.

Outra consequência do contraditório, que se combina com o princípio do duplo grau de jurisdição, é o direito da defesa em ser intimada da solução do feito disciplinar. Parece se tratar de algo simples, e até é, mas que não é observado nos processos apurados e decididos na Polícia Militar da Bahia. O que vem acontecendo é que a solução é publicada em Boletim, seja o Boletim Geral Ostensivo, seja o Boletim Geral Reservado, sem que o defensor técnico seja intimado. A defesa não tem acesso ao boletim, e, por isso, torna o processo nulo, por ausência da intimação do defensor.

Destarte, a defesa deve ser intimada de todos os atos do processo, mormente a decisão da autoridade julgadora, pois é daí que surge a necessidade de requerer reconsideração e/ou interpor recurso, sob pena de violação aos princípios do contraditório e do duplo grau de jurisdição.

PRINCÍPIO DA AMPLA DEFESA

É comum a confusão entre os princípios do contraditório e da ampla defesa, muitos entendem como um único princípio. Pelo contrário, a ampla defesa e o contraditório são importantes princípios que se complementam, que são originados no princípio do devido processo legal, mas que não se confundem.

Tal como o princípio do contraditório, o que ajuda na confusão mencionada, é que os dois princípios são tratados nas mesmas normas, seja na Constituição Federal, art. 5º, inciso LV, seja no Estatuto dos Policiais Militares, em seu art. 71, ambos já acima transcritos.

Assim, por ampla defesa entende-se que o acusado, seja em processo penal ou administrativo, tem a garantia de uma defesa técnica e da autodefesa.

O defensor exerce a defesa técnica, pois pressupõe conhecimento técnico e específico, exigindo-se a capacidade postulatória.

Por sua vez, a autodefesa é exercida pelo próprio servidor acusado durante a instrução processual, que, por exemplo, pode decidir não responder as perguntas no interrogatório, tendo este direito ao silêncio e não auto-incriminação, regra constitucional prevista no art. 5º, inciso LXIII, da Constituição Federal.

A garantia do direito ao silêncio e da não auto-incriminação, juntamente com a garantia da intimidade, privacidade, dignidade e presunção de inocência, todas de índole constitucional, autoriza ao acusado a recusar-se a participar de qualquer ato do processo, inclusive de reconhecimento, acareação etc., sobretudo pelo enorme constrangimento a que é submetido. Não pode a autoridade que apura, nem a que julga, estabelecer qualquer interpretação em desfavor do investigado por ter este recusado a participar de qualquer ato processual.

Nesse diapasão, importante trazer o enunciado da súmula vinculante n. 5, editada pelo Supremo Tribunal Federal em 16.05.2008, que dispõe que "A falta de defesa técnica por advogado no processo administrativo disciplinar não ofende a Constituição".

Inicialmente, da simples leitura da súmula, tem-se a falsa percepção de que os feitos disciplinares poderão ser conduzidos por comissão processante sem a presença de advogado e de defesa técnica. Perspectiva errada, pois inquestionável a imprescindibilidade de defesa técnica, o que significa que a defesa deverá ser elaborada por profissional com conhecimento jurídico suficiente para produzir provas e contraprovas, utilizando todos os meios e recursos inerentes ao contraditório e a ampla defesa.

A Constituição Federal de 1988, em seu art. 5º, inciso LV, quando trata dos princípios do contraditório e da ampla defesa, de fato, não determina a obrigatoriedade de advogado em processos judiciais e/ou administrativos, restringe-se, tão-somente, a assegurar aos acusados em geral o direito de defender-se. Registre-se que, para a postulação em processos judiciais, o Estatuto da Advocacia (Lei n. 8.906/1994) prevê a advocacia como atividade privativa, sendo a capacidade postulatória – o *jus postulandi* –, exclusiva do advogado, que é o bacharel em Direito inscrito na Ordem dos Advogados do Brasil; o que não acontece nos processos administrativos, pois a capacidade postulatória não é exclusividade da advocacia, tal como ocorre na Justiça do Trabalho e nos Juizados Especiais.

Dessa maneira, não pretendeu a Suprema Corte validar processos disciplinares sem defesa, mas que a defesa técnica nesses processos não é exclusividade de advogado, podendo ser feita por qualquer pessoa com conhecimento técnico, inclusive o próprio acusado.

A edição da súmula vinculante n. 5, precipuamente, visou conferir validade a lei que trata dos processos administrativos disciplinares no âmbito da administração pública federal, a qual não obriga a defesa técnica por advogado.

A Constituição do Estado da Bahia, em seu art. 4º, inciso VIII, aduz que "toda pessoa tem direito a advogado para defender-se em processo judicial ou administrativo, cabendo ao Estado propiciar assistência gratuita aos necessitados, na forma da lei". Por esta norma, o acusado tem direito a acompanhamento de advogado na sua defesa em processo administrativo.

Contudo, no âmbito da Polícia Militar do Estado da Bahia, não se aplica a súmula vinculante n. 5, do STF, pois, necessariamente, nos processos disciplinares, deverá ter defesa técnica por advogado, conforme se verifica no art. 74, da Lei Estadual n. 7.990/2001 (Estatuto dos Policiais Militares da Bahia), que dispõe que "a defesa do acusado será promovida por advogado por ele constituído ou por defensor público ou dativo". Trata-se, portanto, de norma específica, de plena validade e eficácia e de aplicabilidade imediata, integral e direta, devendo ser respeitada por todos.

É cediço que súmula não revoga lei, mas as interpreta. Assim, os mais desavisados podem vir a entender que a referida súmula revogou a lei estadual (Constituição do Estado da Bahia e Estatuto dos Policiais Militares da Bahia), desobrigando a comissão processante, ou até mesmo o encarregado em processo disciplinar sumário, de instruir o feito investigatório com a presença de advogado, entendimento este equivocado e ilegal.

Portanto, a súmula vinculante n. 5 do STF não se aplica aos processos disciplinares no âmbito da Polícia Militar da Bahia, pois a Constituição do Estado da Bahia e o Estatuto dos Policiais Militares da Bahia tornam obrigatória a presença de advogado na elaboração de defesa do acusado em processo administrativo.

Dessa forma, a ausência de advogado na instrução é causa de nulidade absoluta do processo administrativo, pois viola o princípio da ampla defesa, além de ofender o Estatuto dos Policiais Militares. Oportuno mencionar que, a falta de intimação do advogado e do acusado para a prática de determinado ato, também gera a nulidade do processo. Em qualquer dos casos, o responsável pela nulidade deve ser responsabilizado cível, criminal e administrativamente.

PRINCÍPIO DA PRESUNÇÃO DE INOCÊNCIA

Pelo princípio da presunção de inocência, esboçado no art. 5º, inciso LVII, da CF/88, "ninguém será considerado culpado até o trânsito em julgado de sentença penal condenatória", o qual se entende que toda pessoa é considerada inocente, e assim deve ser tratada, até que se tenha uma decisão irrecorrível que o declare culpado.

A natureza jurídica desse princípio é uma garantia individual, repercutindo diretamente no processo em favor do acusado, seja processo de natureza civil, criminal ou administrativa, dentre outros.

O professor Paulo Rangel, em sua obra, afirma que:

> A visão correta que se deve dar à regra constitucional do art. 5º, LVII, refere-se ao ônus da prova. Pensamos que, à luz do sistema acusatório, bem como do princípio da ampla defesa, inseridos no texto constitucional, não é o réu que tem que provar sua inocência, mas sim o Estado-administração (Ministério Público) que tem que provar a sua culpa[4].

---

[4] RANGEL, Paulo. *Direito Processual Penal*. 7. ed. Rio de Janeiro-RJ: Lumen Juris, 2003, p. 27-31.

O referido autor entende que a norma contida no inciso LVII, do art. 5°, da Magna Carta não pode ser entendida como princípio da presunção de inocência, mas sim como regra constitucional que inverte o ônus da prova para o Ministério Público.

Todavia, essa visão do autor é incompleta. O art. 156 do Código de Processo Penal aduz que a prova da alegação incumbirá a quem a fizer. Assim, provar a culpabilidade do réu é ônus do órgão acusador. No caso de alegação por parte da defesa de qualquer causa excludente da ilicitude, de culpabilidade ou extinção da punibilidade, pela inteligência do artigo acima mencionado, deveria caber ao acusado provar tais alegações, porém, como uma das consequências do princípio da presunção de inocência, cabe ao acusador provar a culpa do réu. É a acusação que deverá demonstrar, no processo, que não há causas que excluam ou isentem o réu da pena ou o servidor da sanção disciplinar.

Assim, entende-se que não há inversão do ônus da prova para o Ministério Público ou comissão processante, mas, que cabe a estes provar que o acusado cometeu o delito ou transgressão a que lhe foi imputado, em todos os termos.

O que parece é que o princípio, ora em comento, expressa que o réu não poderá ser considerado culpado antes do trânsito em julgado, devendo ser considerado e tratado como se inocente fosse. Esse significado é *iuris tantum*, pois caberá prova em contrário.

Dito isto, é preciso observar que as consequências do princípio da presunção de inocência são: aplicação do *in dubio pro reo*, acolhido pelo Código de Processo Penal no art. 386, inciso VI, o qual assegura que na dúvida, em favor do réu; somente decisão irrecorrível pode declarar a culpabilidade do acusado, depois de provada durante a instrução processual, e só assim poderá ser tratado como culpado; a prova da culpa do acusado é do Ministério Público ou querelante, no caso de processo crime (ou criminal?), e da comissão processante, no caso de processo administrativo; a estar obrigado o julgador a verificar detidamente a necessidade da restrição antecipada ao *jus libertatis* do acusado, fundamentando sua decisão; e, a revogação (ou não recepção) do art. 393, inciso II, do Código de Processo Penal, que mandava lançar o nome do réu no rol dos culpados.

Roberto Delmanto Júnior[5], acrescenta ainda que o princípio da presunção de inocência, abrange, além da questão do ônus da prova, também, a inadmissibilidade de qualquer tratamento preconceituoso em função da condição de acusado, direito a sua imagem, ao silêncio, sem que se considere culpado, local condigno em sala de audiências ou no plenário do Júri, ao não uso de algemas, salvo em casos excepcionais, e, por fim, à cautelaridade e excepcionalidade da prisão provisória.

Alberto Binder, em sua obra *Introdução ao Direito Processual Penal* sobre o princípio de presunção de inocência, escreve:

> 1. Que somente a sentença tem essa faculdade.

---

[5] DELMANTO JÚNIOR, Roberto. *As modalidades de prisão provisória e seu prazo de duração*. 2. ed. Rio de Janeiro: Renovar, 2001, p. 67-68.

2. Que no momento da sentença existem somente duas possibilidades: culpado ou inocente. Não existe uma terceira possibilidade.
3. Que a 'culpabilidade' deve ser juridicamente provada.
4. Que essa construção implica a aquisição de um grau de certeza.
5. Que o acusado não tem que provar sua inocência.
6. Que o acusado não pode ser tratado como um culpado.
7. Que não podem existir mitos de culpa, isto é, partes da culpa que não necessitam ser provadas[6].

Por fim, o mesmo autor conclui que:

> Definitivamente, o acusado chega ao processo isento de culpa e somente pela sentença poderá ser declarado culpado; entre os dois extremos – prazo que constitui, justamente, o processo – deverá ser tratado como um cidadão livre submetido a esse processo porque existem suspeitas a seu respeito, porém, em nenhum momento sua culpabilidade poderá ser antecipada. Uma afirmação deste tipo leva-nos à questão da prisão preventiva, que comumente é utilizada como pena.
> Este é o programa constitucional, porém, a realidade de nosso processo penal está muito longe de cumprir com o mesmo. Ao contrário, a realidade mostra-nos que existe uma presunção de culpabilidade e que aqueles que são submetidos a processo são tratados como culpados; em muitas ocasiões, por falhas do procedimento, a sociedade 'deve deixar sair', apesar de 'já' terem sido 'condenados' pela denúncia ou pelos meios de comunicação de massa.
> Os fenômenos dos 'presos sem condenação' – em prisão preventiva; da utilização do processo como método de controle social; das restrições à defesa – especialmente a defesa pública; da enorme quantidade de presunções que existe no processo penal; da utilização do conceito de 'ônus da prova' contra o acusado; do maltrato durante a prisão preventiva; do modo como os detidos 'passeiam' pelos corredores dos tribunais etc., são sinais evidentes de que o princípio de inocência é um programa a ser realizado, um trabalho pendente[7] (7).

Para dar efetividade ao princípio aqui comentado, é necessário ter em mente que se trata de uma garantia constitucional que ultrapassa os limites do processo penal, permeando todos os procedimentos que visem à aplicação de sanção, seja qual for a sua natureza, inclusive o processo disciplinar.

Como já maciçamente dito, no processo disciplinar, além de outros princípios, deve ser observado o princípio constitucional da presunção de inocência, que autoriza a absolvição do acusado quando não houver provas seguras ou de elementos que possam demonstrar violação ao regulamento disciplinar.

Com fundamento nos dispositivos constitucionais, fica evidenciado que o princípio da presunção de inocência é aplicável perfeitamente ao Direito Administrativo. A ampla defesa e o contraditório pressupõem o respeito ao princípio do devido processo legal, no qual se encontra inserido o princípio da inocência, princípios estes que o processo administrativo deve observar, já que a Constituição o igualou ao processo judicial.

O referido princípio insere-se perfeitamente no âmbito administrativo militar. Nesse diapasão, importante trazer à lição de Paulo Tadeu Rodrigues Rosa, a seguir transcrita:

---

[6] BINDER, Alberto M. *Introdução ao Direito Processual Penal*. Tradução de Fernando Zani. Rio de Janeiro-RJ: Lumen Juris, 2003, p. 87.
[7] BINDER, Alberto M. *Introdução ao Direito Processual Penal*. Tradução de Fernando Zani. Rio de Janeiro-RJ: Lumen Juris, 2003, p. 90-91.

> Na dúvida, quando da realização de um julgamento administrativo onde o conjunto probatório é deficiente, não se aplica o princípio *in dubio pro administração*, mas o princípio *in dubio pro reo*, previsto na Constituição Federal e na Convenção Americana de Direitos Humanos, que foi subscrita pelo Brasil.
> A ausência de provas seguras ou de elementos que possam demonstrar que o acusado tenha violado o disposto no regulamento disciplinar leva à sua absolvição com fundamento no princípio da inocência, afastando-se o entendimento segundo o qual no direito administrativo militar vige o princípio *in dubio pro administração*, que foi revogado a partir de 5 de outubro de 1988.
> A autoridade administrativa militar (federal ou estadual) deve atuar com imparcialidade nos processos sujeitos aos seus julgamentos, e quando esta verificar que o conjunto probatório estampado é deficiente deve entender pela absolvição do militar. A precariedade do conjunto probatório deve levar à absolvição do acusado para se evitar que este passe por humilhações e constrangimentos de difícil reparação, que poderão deixar suas marcas mesmo quando superados, podendo refletir nos serviços prestados pelo militar à população, que é consumidor final do produto de segurança pública e segurança nacional[8].

Dessa forma, importante esclarecer que a Constituição Federal garante a todos os acusados, seja em processo criminal, seja em processo administrativo, o direito de serem considerados inocentes, até que uma decisão irrecorrível lhe diga culpado, portanto, perfeitamente, aplicável o princípio da presunção de inocência no processo administrativo disciplinar.

As principais consequências da aplicação do princípio da presunção de inocência no processo disciplinar são: a de atribuir inexoravelmente a obrigação de colheita da prova pela comissão processante, o que significa dizer que o acusado não precisa provar que é inocente, e, sim, a comissão que tem que provar que o servidor é culpado, e não por meros indícios e suposições, mas por provas cabais da sua culpa; na dúvida a interpretação será sempre em favor do acusado; somente decisão irrecorrível pode declarar a culpabilidade do acusado, depois de provada durante a instrução processual, e só assim poderá ser tratado como culpado.

PRINCÍPIO DA DIGNIDADE DA PESSOA HUMANA

Esboçado no art. 1º, inciso III e art. 5º, inciso III, ambos da CF/88. Por esse princípio, entende-se que o acusado tem o direito de ser julgado conforme a lei, de forma justa, podendo, para se ter um julgamento justo, provar, contraprovar, alegar e defender-se de forma ampla, em processo público. Deve haver uma igualdade de tratamento entre as partes da relação processual. Pela lição de Luís Gustavo Grandinetti[9], o princípio da dignidade é uma garantia de que o acusado, no processo penal ou processo administrativo, não fosse um mero espectador do seu próprio julgamento, não permitindo, desta forma, que o sistema processual seja inquisitivo.

O professor Luis Recaséns Siches[10] declara que foi no Cristianismo que a ideia da dignidade da pessoa humana adquiriu maior relevo, convertendo-se como princípio básico em todas as legislações

---

[8] ROSA, Paulo Tadeu Rodrigues. *Direito Administrativo Militar*. Rio de Janeiro-RJ: Lúmen Júris, 2003.
[9] CARVALHO, Luís Gustavo Grandinetti Castanho de. *O processo penal em face da Constituição*. Rio de Janeiro-RJ: Forense, 1998, p. 12.
[10] SICHES, Luis Recaséns. apud DELMANTO JÚNIOR, Roberto. *As modalidades de prisão provisória e seu prazo de duração*. Rio de Janeiro: Renovar, 2001, p. 55-56.

dos países ocidentais. Segundo o autor, o valor deste princípio é que embasa o respeito do direito à vida e do direito à liberdade.

Sobre o direito à vida, deve-se entender que a pessoa humana deve ter garantido pelo Estado a sua integridade física, vida e saúde, não podendo outro atentar injustamente contra aquele; o Estado, ainda, tem que cooperar na defesa do homem contra os perigos da natureza e situações prejudiciais; direito à solidariedade social.

Já sobre direito à liberdade, entendida esta como a liberdade jurídica, compreende-se duas classes de defesa, são elas a defesa do indivíduo contra o Estado, e a defesa da pessoa contra ataques de outros indivíduos. Eis alguns aspectos da liberdade jurídica: liberdade em ser dono do próprio destino; liberdade de consciência, de pensamento, de opinião e de expressão; inviolabilidade da vida privada, da família, do domicílio e da correspondência.

Santo Agostinho, em *A Cidade de Deus*, Livro XII, Capítulo 20, afirma o seguinte:

> A liberdade é concebida aqui não como uma disposição humana íntima, mas como um caráter da existência humana no mundo... o homem é livre porque ele é um começo e, assim, foi criado depois que o universo passara a existir: *(Initium) ut esset, creatus es hommo, ante quem nemo fuit*. No nascimento de cada homem esse começo inicial é reafirmado, pois em cada caso vem a um mundo já existente alguma coisa nova que continuará a existir depois da morte de cada indivíduo. Porque é um começo, o homem pode começar; **ser humano e ser livre são uma única e mesma coisa**. Deus criou o homem para introduzir no mundo a faculdade de começar: a liberdade[11].

À luz do princípio constitucional da dignidade da pessoa humana, o STF editou a súmula vinculante n. 11, publicada em 22.08.2008, que dispõe sobre o uso de algemas. O inteiro teor da súmula é o seguinte: "Só é lícito o uso de algemas em casos de resistência e de fundado receio de fuga ou de perigo à integridade física própria ou alheia, por parte do preso ou de terceiros, justificada a excepcionalidade por escrito, sob pena de responsabilidade disciplinar, civil e penal do agente ou da autoridade e de nulidade da prisão ou do ato processual a que se refere, sem prejuízo da responsabilidade civil do Estado".

A edição da súmula pelos Ministros do Supremo Tribunal Federal deu-se, em muito, por conta da "espetacularização" nas prisões feitas pela Polícia Federal de pessoas da alta classe e de autoridades, e que, sem nenhuma necessidade, faziam o uso indiscriminado de algemas. Assim, em que pese a sua motivação, que também é legítima, a edição da súmula é de fundamental importância, principalmente, para o preso pobre, que muitas vezes entra em julgamento no plenário do Júri algemado, o que o estigmatiza como um criminoso de alta periculosidade, mesmo sem ter sido ainda julgado.

---

[11] ARENDT, Hannah. apud DELMANTO JÚNIOR, Roberto. *As modalidades de prisão provisória e seu prazo de duração.* Rio de Janeiro: Renovar, 2001, p. 55-56.

Vê-se, portanto, que, o uso de algemas é a exceção no ordenamento jurídico, devendo restringir-se, tão-somente, nos casos de resistência do conduzido e de fundado receio de fuga, ou ainda de perigo à integridade física própria ou alheia.

Em qualquer dos casos, o uso de algemas deverá ser justificado por escrito pela autoridade executante, sob pena deste ser responsabilizado disciplinar, civil e penalmente. Outra consequência para o uso indevido das algemas diz respeito a nulidade da prisão ou do ato processual a que se refere. Assim, o julgamento perante o Tribunal do Júri por acusado assistindo a sessão o tempo todo com algemas é caso de nulidade do julgamento, desde que este seja condenatório.

Ademais, o uso de algemas de forma indevida gera no conduzido um profundo abalo psíquico, o que acarreta no dano moral a ser reparado pelo Estado, na medida em que este tem responsabilidade civil objetiva pelos atos praticados por seus agentes, no exercício de suas funções. Afirmar que a responsabilidade é objetiva, é garantir ao lesado que terá indenização independente de culpa do agente, basta que fique comprovada a conduta lesiva, qual seja, o uso da algema, o dano e o nexo de causalidade.

PRINCÍPIO DA PROPORCIONALIDADE E DA RAZOABILIDADE

O princípio da proporcionalidade e da razoabilidade é encontrado, de forma implícita, na Constituição Federal no art. 1º (instituição do Estado Democrático de Direito), no art. 5º, incisos II e LVI (princípio da isonomia, legalidade, devido processo legal) e no art. 37 (legalidade, impessoalidade, moralidade, publicidade e eficiência).

A Lei n. 9.784/1999, que trata dos processos administrativos no âmbito federal, também incluiu, em seu art. 2º, a eficiência no rol dos princípios norteadores da Administração Pública, juntamente com os princípios da legalidade, da finalidade, da motivação, da razoabilidade, da proporcionalidade, da moralidade, da ampla defesa, do contraditório, da segurança jurídica e do interesse público.

A estes princípios deve se submeter a autoridade julgadora, sobretudo ao da razoabilidade e da proporcionalidade. Cumpre, no entanto, esclarecer que, neste trabalho será adotada a tese da identidade destes princípios, seguindo, inclusive, orientação do Supremo Tribunal Federal.

O professor Dirley da Cunha Júnior, em seu Curso de Direito Constitucional, explica que para a consecução e realização do princípio da razoabilidade e da proporcionalidade ampla, faz-se necessária a tríplice exigência da adequação, necessidade e proporcionalidade em sentido estrito.

Por adequação (ou utilidade), as medidas adotadas pelo administrador devem se apresentar aptas para atingir os fins almejados. A necessidade (ou exigibilidade) impõe que o poder público adote, entre os atos e meios adequados, aqueles que menos sacrifícios ou limitações causem aos direitos fundamentais, o que evitaria o excesso da Administração. Por fim, a proporcionalidade em sentido estrito determina certo equilíbrio entre o motivo que ensejou a atuação do poder público e a providência por ele adotada na consecução dos fins visados.

Porventura, caso falte ao ato qualquer um desses requisitos, o ato não será razoável, nem proporcional. Portanto, o ato será inconstitucional.

Segundo ensina o professor Dirley, o princípio da razoabilidade e da proporcionalidade "consubstancia, em essência, uma pauta de natureza axiológica que emana diretamente das ideias de justiça, eqüidade, bom senso, prudência, moderação, justa medida, proibição de excesso, direito justo e valores afins"[12].

Assim, o princípio da razoabilidade e da proporcionalidade visa à proteção dos direitos dos cidadãos contra o arbítrio do Estado, restringindo o exercício do poder, almejando verificar se os atos do detentor do poder estão impregnados com o valor da justiça. O Poder Público deverá agir sempre com adequação e de forma proporcional aos objetivos que pretende atingir. Portanto, é o ajuste dos meios aos fins colimados.

O Supremo Tribunal Federal reconhece a utilização do princípio da proporcionalidade, conforme se despreende no julgamento da ADIN's 855-2-PR, 1.158-AM, 2.019-MS, 2.667-DF, 247-RJ e 2.623-ES[13].

Sempre oportuna é a lição do mestre Hely Lopes Meirelles:

> O poder é confiado ao administrador público para ser usado em benefício da coletividade administrada, mas usado nos justos limites que o bem estar social exigir. A utilização desproporcional do poder, o emprego arbitrário da força, a violência contra o administrado, constituem formas abusivas de uso do poder estadual, não toleradas pelo direito e nulificadoreas dos atos que as encerram.
> O uso do poder é lícito; o abuso, sempre ilícito. Daí porque todo ato abusivo é nulo, por excesso ou desvio de poder.
> (...)
> Entre nós, o abuso do poder tem merecido sistemático repúdio da doutrina e da jurisprudência, e para seu combate o constituinte armou-nos com o remédio heróico do mandado de segurança, cabível contra o ato de qualquer autoridade (CF, art. 5°, LXIX, e Lei 1.533/51), e assegurou a toda pessoa o direito de representação contra abusos de autoridade, complementando esse sistema de proteção contra os excessos de poder com a Lei 4.898, de 9.12.65, que pune criminalmente esses mesmos abusos de autoridade[14].

Dessa forma, sob pena de ofensa à Constituição Federal, o ato deve atender três requisitos básicos: a adequação, a necessidade e a proporcionalidade em sentido estrito; caso falte no ato qualquer um desses requisitos, o ato não será razoável, nem proporcional. A sanção disciplinar é ato

---

[12] CUNHA JÚNIOR, Dirley da. *Curso de Direito Constitucional*. Salvador: Ed. JusPodivm, 2008, p. 220.
[13] EMENTA: AÇÃO DIRETA DE INCONSTITUCIONALIDADE - LEI ESTADUAL QUE CONCEDE GRATIFICAÇÃO DE FÉRIAS (1/3 DA REMUNERAÇÃO) A SERVIDORES INATIVOS - VANTAGEM PECUNIARIA IRRAZOÁVEL E DESTITUÍDA DE CAUSA - LIMINAR DEFERIDA. - A norma legal, que concede a servidor inativo gratificação de férias correspondente a um terço (1/3) do valor da remuneração mensal, ofende o critério da razoabilidade que atua, enquanto projeção concretizadora da cláusula do "*substantive due process of law*", como insuperável limitação ao poder normativo do Estado. Incide o legislador comum em desvio ético-juridico, quando concede a agentes estatais determinada vantagem pecuniária cuja razão de ser se revela absolutamente destituída de causa. (ADIN 1.158-8 AM, relator Ministro Sepúlveda Pertence, Acórdão DJ 26.05.1995) (grifos nossos).
[14] MEIRELLES, Hely Lopes. *Direito Administrativo Brasileiro*. São Paulo: Malheiros editores, 2000, p. 102-104.

administrativo expedido por autoridade julgadora, e como todos os atos, deve ser razoável e proporcional.

PRINCÍPIO DA IGUALDADE

O princípio da igualdade ou isonomia, encontrado no art. 5º, *caput*, da Constituição Federal de 1988, dispõe que "todos são iguais perante a lei, sem distinção de qualquer natureza, garantindo-se aos brasileiros e aos estrangeiros residentes no País a inviolabilidade do direito à vida, à liberdade, à igualdade, à segurança e à propriedade".

A Administração não pode estabelecer privilégios, ou discriminações, em nenhuma circunstância, devendo conferir tratamento equitativo a todos os membros da comunidade, pelo menos em regra, pois, evidenciada a desigualdade entre os indivíduos, sejam estas físicas, jurídicas ou formais, deverão as condições desiguais ser consideradas, para que se possa haver igualdade[15].

Sobre o princípio da igualdade, observe-se as sábias palavras do jurista baiano Ruy Barbosa, na obra Oração aos Moços:

> A igualdade e a desigualdade são ambas direitos, conforme as hipóteses. A igualdade quando se trata de direito fundamental. As desigualdades, quando no terreno dos direitos adquiridos. Fundamentais são os direitos do homem por ser homem, independente de qualquer ato aquisitivo. São da essência da criatura. Tais os direitos à vida, à liberdade, à segurança e à propriedade. Adquiridos são os direitos que cada homem tenha, em virtude de ato aquisitivo: o trabalho, a herança, a compra, a doação, o achado, e outros que a lei tenha por geradores ou fontes de direito. À luz dos direitos fundamentais, todos são iguais. À luz dos direitos adquiridos, são todos desiguais. Mas, num e no outro caso, o tratamento da lei é igual para todos os cidadãos nas mesmas condições. A Constituição veda à lei estabelecer desigualdades entre os homens, por serem homens. É idêntica a concessão de cada um à sociedade de todos. Ou, por outras palavras, é universal a igualdade nos cortes à onipotência individual, para constituir os direitos fundamentais. Nos direitos adquiridos, é a mesma para todos, mas mesmas condições, a lei que os disciplina[16].

Ainda sobre o princípio da igualdade, observe-se a lição de Eduardo Luiz Santos Cabette:

> É interessante notar que o princípio da igualdade não tem o condão de impedir diferenciações, desde que não sejam injustificadas ou arbitrárias. Assim é que se verificam esforços do legislador, inclusive constitucional, em proporcionar uma paridade de armas às partes no decorrer do processo, especialmente considerando as disparidades econômico-financeiras. A igualdade estabelecida não é aquela meramente aritmética, mas sim uma igualdade relativa capaz de proporcionar um equilíbrio real e não meramente formal da relação processual. O que muitas vezes aparenta ser uma quebra da isonomia no processo é, na verdade, aquilo que empresta eficácia ao princípio da igualdade real e proporcional, impondo um tratamento desigual aos desiguais e igual aos iguais[17].

---

[15] TUCCI, Rogério Lauria. *Direitos e Garantias Individuais no Processo Penal Brasileiro*. São Paulo: RT, 2004, 140-142.
[16] BARBOSA, Ruy. apud TUCCI, Rogério Lauria. *Direitos e Garantias Individuais no Processo Penal Brasileiro*. São Paulo: RT, 2004, 141-142.
[17] CABETTE, Eduardo Luiz Santos. *O Processo Penal e a Defesa dos Direitos e Garantias Individuais*. Campinas: Peritas, 2002, p. 27.

A isonomia processual, como derivação do princípio da igualdade, determina que as partes devem ter as mesmas armas, a fim de que, tratadas de forma paritária, tenham idênticas chances de reconhecimento do direito material instrumentalizado no processo.

Como dito, o princípio da igualdade, ou isonomia, não tem caráter absoluto e genérico. Haverá momentos, autorizados por lei, que será permitido o tratamento desigual entre as pessoas, contudo, será restrita as situações que envolvam distinção fática entre os sujeitos, e não às distinções de direito.

As partes no processo estarão sempre em situações de desequilíbrio. Assim, impõe-se um tratamento desigual como meio para se chegar a igualdade, devendo estabelecer instrumentos, a fim de atingir-se à finalidade de consecução do bem comum, com a pacificação social e a segurança jurídica.

Quando tratado no princípio do devido processo legal, viu-se que este importante princípio é corolário de tantos outros, inclusive do princípio da igualdade, que deve ser observado tanto na elaboração da lei, como na sua aplicação.

O processo, seja qual for sua natureza, existe para garantir a igualdade entre os homens.

No âmbito do processo administrativo disciplinar, a autoridade julgadora, quando da solução do feito, não pode tratar iguais de forma desigual, nem tampouco tratar desiguais de forma igual. Por exemplo, não pode um servidor acusado de ter praticado a conduta X, ser punido com detenção, e outro servidor, também acusado de praticar a conduta X, sofrer a pena capital de demissão. Não precisa que as decisões sejam no mesmo processo, pois a constante, nesse caso, são os indivíduos e suas condutas, e não o processo.

PRINCÍPIO DO JUIZ NATURAL

A imparcialidade do juiz é pressuposto básico da validade da relação processual. Verifica-se que o juiz imparcial constitui-se em uma garantia para a acusação e a defesa de um julgamento justo pelo Estado, detentor do monopólio da jurisdição, que deve proceder imparcialmente na solução dos litígios que lhe são apresentados.

Por força desse princípio, exsurgem outros, como o princípio do juiz competente ou do juiz natural, segundo o qual "ninguém será processado nem sentenciado senão pela autoridade competente" (art. 5º, inciso LIII, da CF/88), e, a vedação da instituição de juízo ou Tribunal de Exceção (art. 5º, inciso XXXVII, da CF/88). Além do que, o art. 5º, inciso XXXVIII, da Constituição Federal, estabelece a competência do júri popular para o julgamento dos crimes dolosos contra a vida.

Conforme esposado, somente quem pode dizer se houve crime ou não é a autoridade judiciária, ou seja, o Juiz, salvo nos crimes dolosos contra a vida de civil, que em regra cabe ao júri popular, composto por 07 (sete) jurados. Assim, não pode o Comandante-Geral, no caso das Polícias Militares, demitir um policial por prática de crime, sem que tenha uma sentença penal condenatória transitada em julgado anterior, sob pena de ofensa ao princípio do juiz natural e a usurpação de jurisdição e competência pela autoridade policial.

Veja-se o texto abaixo:

> Observa-se, desde logo, que em passo algum a Constituição se refere a "juiz natural". Apontam-se, porém, como consagração do princípio o disposto no artigo 5º, LIII e XXXVII: "ninguém será processado nem sentenciado senão pela autoridade competente"; "não haverá juízo ou tribunal de exceção".
> [...]
> Longo também nos apresenta a sistematização de Felipe Bacellar Filho, que identifica, no princípio do juiz natural, a existência de cinco significados, não excludentes.
> O primeiro, no plano da fonte, institui a reserva absoluta da lei para a fixação da competência do juízo. A dúvida, aqui, diz respeito aos regimentos internos dos tribunais, que distribuem competências entre seus órgãos, bem como a atos administrativos, como os que distribuem os feitos entre dois juízes, conforme sejam de número par ou impar. Haveria inconstitucionalidade, nessas disposições, que visam a resolver graves problemas enfrentados pelos tribunais?
> O segundo diz respeito ao plano da referência temporal. Ninguém será processado ou julgado por órgão instituído após a ocorrência do fato. Repete-se, aqui, a dúvida sobre as normas de direito temporal, que têm eficácia imediata, sobretudo quando criam ou extinguem órgãos judiciários.
> O terceiro diz respeito ao plano da imparcialidade, com o afastamento do juiz impedido ou suspeito e imunidade do órgão judicante a ordens ou instruções hierárquicas, enquanto no exercício da jurisdição.
> O quarto diz respeito à abrangência funcional, que visa a garantir ao jurisdicionado a determinabilidade de qual órgão irá decidir o fato levado a juízo.
> O quinto diz com a garantia de ordem taxativa de competência, que assegura a pré-constituição dos órgãos e agentes, excluindo qualquer alternativa deferida à discricionariedade de quem quer que seja. Eventual modificação de competência deve estar prevista em leis anteriores ao fato.
> O que se constata, de uma leitura crítica desse quíntuplo conteúdo, é que o princípio do juiz natural, entendido em termos absolutos, pode inviabilizar o exercício da jurisdição; relativizado, perde sua força como princípio[18].

Dir-se-á, talvez, que não há violação ao princípio do juiz natural, pois o que a autoridade julga é a transgressão disciplinar, não o crime, sendo o resultado naquele a demissão dos quadros da Corporação, quando neste será a prisão, e que se trata de responsabilidades distintas.

As premissas estão corretas. Contudo, ainda assim, há violação ao primado do juiz natural, pois crime só pode ser processado e julgado por autoridade judiciária, ou seja, o Juiz, salvo nos casos de crimes dolosos contra a vida, que caberá ao Júri popular.

Assim, não pode o servidor ser demitido por crime, sem que tenha sido julgado e condenado na Justiça Criminal, após uma instrução processual respeitando todos os princípios atinentes, sejam de índole constitucional, sejam processuais.

A norma de natureza administrativa que inclui no seu rol crime como causa de sanção disciplinar terá eficácia, apenas, a partir de evento certo e determinado, qual seja, condenação no Juízo penal por crime. Antes disso, não pode nenhum servidor ser punido administrativamente.

---

[18] *Sobre o princípio do juiz natural.* In: http://www.tex.pro.br/wwwroot/curso/processoeconstituicao/sobreoprincipiodojuiznatural.htm, extraído em 22.05.2009.

Ademais, pelo princípio do juiz natural, o julgador não pode ser impedido, nem suspeito. Todo homem tem direito a um julgamento justo e imparcial, é o que preconiza o princípio do juiz natural. Moacyr Pitta Lima Filho, juiz de Direito, defende que:

> Para Chiovenda a jurisdição "é a função do Estado que tem por escopo a atuação da vontade concreta da lei por meio da substituição, pela atividade de órgãos públicos, da atividade de particulares ou de outros órgãos públicos, já no afirmar a existência da vontade da lei, já no torná-la, praticamente, efetiva".
> O processo, por sua vez, é o instrumento através do qual o Estado exerce a jurisdição, sendo fundamental, sobretudo em um Estado Democrático de Direito, que esse processo seja cercado de garantias aos indivíduos e limites ao Estado, em especial no sistema penal.
> O conjunto de limites, impostos ao Estado, no exercício da jurisdição, é essencial, ante sua absoluta e evidente supremacia em relação aos indivíduos.
> "A correção que exerce sobre os seus súditos não é um fim em si mesma, mas meio para que se consiga, o quanto possível, a paz e a justiça social".
> O princípio do juiz natural apresenta, portanto, esse duplo conteúdo, garantia-limite, tendo como destinatários respectivamente os acusados e o Estado, como enfatiza o Ministro Celso de Mello:
> "Isso significa que o postulado do Juiz Natural deriva de cláusula constitucional tipicamente bifronte, pois, dirigindo-se a dois destinatários distintos, ora representa um direito do réu (eficácia positiva constitucional), ora traduz uma imposição ao Estado (eficácia negativa dessa mesma prerrogativa constitucional)".
> Ada Pellegrini destaca a importância do princípio do juiz natural, ressaltando seu caráter transindividualista:
> "A imparcialidade do juiz, mais do que simples atributo da função jurisdicional, é vista hodiernamente como seu caráter essencial, sendo o princípio do juiz natural erigido em núcleo essencial do exercício da função. Mais do que direito subjetivo da parte e para além do conteúdo individualista dos direitos processuais, o princípio do juiz natural é garantia a própria jurisdição, seu elemento essencial, sua qualificação substancial. Sem o juiz natural, não há função jurisdicional possível"[19].

Sobre o princípio do juiz natural, Julio Fabbrini Mirabete, na obra Código de Processo Penal Interpretado, adverte que:

> Como corolário do princípio da legalidade do processo penal, existe o *princípio do juiz natural*, como dispõe a Constituição Federal, já que "ninguém será processado, nem sentenciado senão pela autoridade competente" e, por via de conseqüência, que "não haverá juízo ou tribunal de exceção" (art. 5º, LIII e XXXVII) (cf. MARQUES, José Frederico. *O processo penal na atualidade, processo penal e constituição federal*. São Paulo: Acadêmica. P. 13-21). Na prática, exige-se a *capacidade especial* relativa ao exercício jurisdicional, ou seja, não ser suspeito nem estar impedido pra o processo (itens 252.1 a 255.1). Deve ser, em síntese, imparcial. Exige-se, por fim, a *capacidade objetiva*, que é a competência para o processo. A Constituição Federal brasileira de 1988, ao dispor em seu art. 5º, inciso XXXVII, que não haverá juízo ou tribunal de exceção, consagrou o princípio do *juiz natural* [...][20].

O princípio do juiz natural é perfeitamente aplicável no âmbito da administração pública, em especial nos processos disciplinares.

No âmbito do processo administrativo federal, a Lei n. 9.784/1999, tal como no direito processual, prevê expressamente as figuras típicas de impedimento e suspeição da autoridade

---

[19] FILHO, Moacyr Pitta Lima. *Princípio do Juiz Natural*. *In*: Princípios Penais Constitucionais – Direito e Processo Penal à Luz da Constituição Federal. Organizado por Ricardo Augusto Schmitt, Salvador: JusPodivm, 2007, p. 488.
[20] MIRABETE, Julio Fabbrini. *Código de Processo Penal Interpretado*. São Paulo: Atlas, 2001, p. 632.

julgadora, ou seja, aquela autoridade que decidirá sobre os fatos apurados, devendo agir com total imparcialidade e impregnado de senso de Justiça.

Em verdade, são duas novas hipóteses de incapacidade do agente público para a prática do ato administrativo, situações que prejudicarão o ato no seu elemento de validade "capacidade". O servidor público impedido ou suspeito é, nos termos abaixo, incompetente para a prática do ato administrativo.

Reza o art. 18 da citada lei que é impedido de atuar em processo administrativo o servidor ou autoridade que: I – tenha interesse direto ou indireto na matéria; II – tenha participado ou venha a participar como perito, testemunha ou representante, ou se tais situações ocorrem quanto ao cônjuge, companheiro ou parente e afins até o terceiro grau; III – esteja litigando judicial ou administrativamente com o interessado ou respectivo cônjuge ou companheiro.

Por sua vez, o art. 20, do mesmo diploma, ao cuidar da suspeição, estabelece que pode ser arguida a suspeição de autoridade ou servidor que tenha amizade íntima ou inimizade notória com algum dos interessados ou com os respectivos cônjuges, companheiros, parentes e afins até o terceiro grau.

A diferença entre os institutos do impedimento e da suspeição basicamente consiste que no primeiro há presunção absoluta de incapacidade para a prática do ato, o servidor fica absolutamente impedido de atuar no processo, já na suspeição gera uma presunção relativa de incapacidade, restando o vício sanado se o interessado não alegá-la no momento oportuno[21].

PRINCÍPIO DA PUBLICIDADE

Pelo princípio da publicidade, esboçado no art. 37, da Constituição Federal, "A administração pública direta e indireta de qualquer dos Poderes da União, dos Estados, do Distrito Federal e dos Municípios obedecerá aos princípios de legalidade, impessoalidade, moralidade, publicidade e eficiência".

O art. 93, inciso IX, também da Constituição, assegura que "Todos os julgamentos dos órgãos do Poder Judiciário serão públicos, e fundamentadas todas as decisões, sob pena de nulidade, podendo a lei limitar a presença, em determinados atos, às próprias partes e a seus advogados, ou somente a estes, em casos nos quais a preservação do direito à intimidade do interessado no sigilo não prejudique o interesse público à informação".

---

[21] As decisões sobre o tema convergem no sentido de que são nulos todos os atos praticados por autoridade impedida e suspeita. Veja-se: **TACRSP:** "Deve ser considerado suspeito o juiz que, ainda que inconscientemente, faz colocações aprioristicas nos autos com relação às partes que, à evidência, denotam a falta de serenidade para decidir a causa, comprometendo a majestade da justiça, que deve presidir sempre qualquer julgamento" (RT 581/341); **TJMS:** "O impedimento que essencialmente envolve e gera a presunção *juris et de jure* de suspeição do juiz não acarreta apenas a incompetência, coarctando-lhe jurisdição, mas tolhe o seu poder jurisdicional por inteiro, sendo, pois nulos não só os atos decisórios como, também, os interlocutórios e probatórios praticados" (RT 555/415); **TJSP:** "Está impedido de funcionar no processo o juiz que figurou como testemunha no inquérito, dado o conflito psicológico entre a função de referir e narrar e a função de valorizar o que foi contado. O juiz-testemunha estará sujeito a dar uma dimensão maior ao que pessoalmente sabe, fugindo assim de uma apreciação desvinculada e neutra das provas e dos fatos probandos" (RT 439/329).

A publicidade dos atos processuais é a regra, inclusive no âmbito do processo disciplinar.

Pode, no entanto, nos termos do art. 5º, inciso LX, da Constituição do Brasil, a publicidade ser restringida quando a defesa da intimidade ou o interesse social o exigirem. Todavia, a restrição a publicidade é aquela externa, relativa ao público em geral, proibindo que terceiros venham a ter conhecimento do processo e de suas peculiaridades, como é o caso dos processos nas varas de família, que tramitam em segredo de justiça.

Por sua vez, a publicidade interna, que diz respeito às partes do processo, não pode sofrer qualquer restrição, pois é com a publicidade dos atos que se materializará o contraditório e a ampla defesa, conferindo as partes a paridade de armas, e a consecução do princípio da igualdade.

Não haverá violação ao princípio da publicidade, se assim exigir o ato processual. A não cientificação de uma das partes da sua realização, desde que *a posteriori* seja a parte intimada da sua realização, pode produzir contraprova, a fim de convencer o julgador da sua tese. Por exemplo, na interceptação telefônica, na fase processual, pois caso a parte tenha ciência, prejudicará a colheita da prova.

Destarte, ao se conferir publicidade aos atos processuais, um dos pilares do Estado Democrático de Direito, tem-se como importante fundamento a possibilidade de controle sobre o processo, tanto pelas partes, como pela sociedade. Por isso, qualquer ato que restrinja a publicidade do processo, sem que seja exceção a regra geral, é atentado ao Estado Democrático de Direito e ao princípio da publicidade.

PRINCÍPIO DA RAZOÁVEL DURAÇÃO DO PROCESSO

A Constituição Federal, art. 5º, inciso LXVIII, determina que "a todos, no âmbito judicial e administrativo, são assegurados a razoável duração do processo e os meios que garantam a celeridade de sua tramitação"[22]. O art. 4º, inciso XVIII, da Constituição da Bahia, corroborando com o texto da Magna Carta, dispõe que "a todos, no âmbito judicial e administrativo, são assegurados a razoável duração do processo e os meios que garantam a celeridade de sua tramitação"[23].

Entretanto, não houve qualquer inovação, pois esse direito fundamental já estava expressamente assegurado nos arts. 7.5 e 8.1 da Convenção Americana sobre Direitos Humanos[24], recepcionados pelo art. 5º, § 2º, da Constituição Federal.

O objetivo primordial da norma inserida é tornar o processo mais célere, portanto mais eficaz.

Pela simples análise, observa-se que a norma tem como destinatários o legislador, para que este crie normas que visem assegurar a duração razoável do processo, e aos aplicadores do direito, sejam os

---

[22] Inserido na Constituição Federal de 1988 pela Emenda Constitucional n. 45, de 08 de dezembro de 2004.
[23] Inserido na Constituição do Estado da Bahia pela Emenda Constitucional n. 11, de 28 de junho de 2005.
[24] O Brasil aderiu a Convenção Americana sobre Direitos Humanos (Pacto de São José da Costa Rica, de 22 de novembro de 1969) através do Decreto n. 678, de 6 de novembro de 1992.

juízes, no âmbito do processo judicial, sejam os servidores públicos de modo geral, na esfera do processo administrativo.

Sobre duração razoável do processo é oportuno trazer a lição do mestre Aury Lopes Júnior. Para o autor, quando o processo supera o limite da duração razoável, o Estado se apossa ilegalmente do tempo do acusado, pois o processo é uma pena em si mesmo.

Quando o processo se prolonga além do tempo necessário[25] (duração razoável), se converte na principal violação das garantias que o acusado possui.

A primeira garantia que cai por terra é a da jurisdicionalidade insculpida na máxima latina do *nulla poena, nulla culpa sine iudicio*. Isso porque o processo se transforma em pena prévia a sentença, através da estigmatização, da angústia prolongada, da restrição de bens e, em muitos casos, através de verdadeiras penas privativas de liberdade aplicadas antecipadamente (prisões cautelares). É o que Carnelutti define como a *misure di soffrenza spirituale* ou *di umiliazione*. O mais grave é que o custo da pena-processo não é meramente econômico, mas o social e psicológico.

A presunção de inocência é outro princípio que é violado, pois a demora e o prolongamento excessivo do processo penal vai, paulatinamente, sepultando a credibilidade em torno da versão do acusado. Existe uma relação inversa e proporcional entre a estigmatização e a presunção de inocência, na medida em que o tempo implementa aquela e enfraquece esta.

O direito de defesa e o próprio contraditório, também são afetados, na medida em que a prolongação excessiva do processo gera graves dificuldades para o exercício eficaz da resistência processual, bem como implica um sobre-custo financeiro para o acusado, não apenas com os gastos em honorários advocatícios, mas também pelo empobrecimento gerado pela estigmatização social[26].

---

[25] Sobre o tempo, o professor Aury Lopes trabalha com o conceito de EINSTEIN e a Teoria da Relatividade, assim "opera-se uma ruptura completa dessa racionalidade, com o tempo sendo visto como algo relativo, variável conforme a posição e o deslocamento do observador, pois ao lado do tempo objetivo está o tempo subjetivo [...] O tempo é relativo a posição e velocidade do observador, mas também a determinados estados mentais do sujeito, como exterioriza EINSTEIN na clássica explicação que deu sobre Relatividade à sua empregada: *quando um homem se senta ao lado de uma moça bonita, durante uma hora, tem a impressão de que passou apenas um minuto. Deixe-o sentar-se sobre um fogão quente durante um minuto somente – e esse minuto lhe parecerá mais comprido que uma hora. – Isso é relatividade.* [...] No que se refere ao Direito Penal, o tempo é fundante de sua estrutura, na medida em que tanto cria como mata o direito (prescrição), podendo sintetizar-se essa relação na constatação de que *a pena é tempo e o tempo é pena*. Pune-se através de quantidade de tempo e permite-se que o tempo substitua a pena. No primeiro caso, é o tempo do castigo, no segundo, o tempo do perdão e da prescrição. Como identificou MESSUTI, *os muros da prisão não marcam apenas a ruptura no espaço, senão também uma ruptura do tempo*. O tempo, mais que o espaço, é o verdadeiro significante da pena. [...] O processo não escapa do tempo, pois ele está arraigado na sua própria concepção, enquanto concatenação de atos que se desenvolvem, duram e são realizados numa determinada temporalidade. O tempo é elemento constitutivo inafastável do nascimento, desenvolvimento e conclusão do processo, mas também na gravidade com que serão aplicadas as penas processuais, potencializadas pela (de)mora jurisdicional injustificada. Interessa-nos agora, abordar o choque entre o tempo absoluto do direito e o tempo subjetivo do réu, especialmente no que e refere ao direito de ser julgado num prazo razoável e a (de)mora judicial enquanto grave conseqüência da inobservância desse direito fundamental. (LOPES JÚNIOR, Aury. *O tempo como pena processual: em busca do direito de ser julgado em um prazo razoável*. Site Âmbito Jurídico, Porto Alegre-RS. Disponível em: <http://www.ambito-juridico.com.br/site/index.php?n_link=revista_artigos_leitura&artigo_id=458>. Acesso em: 10 fev. 2007).

[26] LOPES JÚNIOR, Aury. *O tempo como pena processual:* em busca do direito de ser julgado em um prazo razoável. Disponível em: <http://www.ambito-juridico.com.br/site/index.php?n_link=revista_artigos_leitura&artigo_id=458>. Acesso em: 10 fev. 2007.

Dessa maneira, na medida em que o processo penal e/ou administrativo se prolonga indevidamente, há ofensa aos direitos fundamentais, tais como, da jurisdicionalidade, da presunção de inocência, da ampla defesa e do contradiório.

No processo penal não há previsão legal para a conclusão, em que pese a doutrina e a jurisprudência terem firmado o entendimento que esse prazo é de 81 dias. O processo disciplinar, por seu turno, pelo menos no âmbito da PMBA, tem prazos fixados em lei, o PDS deve ser concluído no prazo máximo de 45 dias, e o PAD é de 120 dias, observado o despacho da autoridade competente para a sua prorrogação, nos termos do art. 61, § 2º, e do art. 63, § 4º, ambos do Estatuto dos Policiais Militares.

Mas o que se fazer quando a duração do processo extrapola o razoável? O professor Aury Lopes levanta três possíveis soluções, sendo elas de natueza compensatória, processual e sancionatória.

A solução compensatória poderá ser de natureza civil ou penal. Na esfera civil, a solução é a indenização dos danos materiais e/ou morais sofridos com a demora do processo. Por sua vez, a compensação penal poderá ser através da atenuação da pena, com aplicação da atenuante inominada do art. 66, do Código Penal, ou ainda a concessão de perdão judicial, nos casos em que a lei admite, no âmbito do processo admininistrativo, que seria possível, por exemplo, a aplicação de atenuante, conforme autoriza o art. 53, do Estatuto dos Policiais Militares da Bahia.

A solução processual, que não se confunde com a anterior na modalidade penal, tem, na extinção do processo, a solução mais adequada, na medida em que reconhecida a ilegitimidade do poder punitivo pela desídia do Estado em julgar o caso. Outras soluções processuais são a possibilidade de suspensão da execução ou dispensabilidade da pena, indulto e comutação.

A solução sancionatória diz respeito a punição do servidor responsável pela dilação indevida do processo que ultrapassou a sua duração razoável; nisso incluam-se juízes, promotores, procuradores etc. A Emenda Constitucional n. 45 deu nova redação ao art. 93, inciso II, alínea "e", da CF, que passou a prever a possibilidade de uma sanção administrativa para o juiz que der causa a demora, impedindo-o de ser promovido. Interessante seria se o legislador estadual assim também disciplinasse, quanto aos encarregados e presidentes de processos disciplinares, ficando estes impedidos de promoção até que entregue, obviamente concluído, o processo disciplinar sob sua responsabilidade, e desde que já se tenha ultrapassado o prazo de conclusão previsto em lei.

CONCLUSÃO

O presidente do processo disciplinar e a autoridade julgadora, por imposição legal, devem observar preceitos éticos e cumprir e fazer cumprir as leis, os regulamentos, as instruções e as ordens das autoridades competentes, nos termos do art. 39, inciso IV, da Lei Estadual n. 7.990/2001 – Estatuto dos Policiais Militares.

Os direitos e garantias individuais, materializados pelos princípios constitucionais aqui abordados, devem ser seguidos e observados por todos, principalmente pelas autoridades, sob pena de ser responsabilizado civil, penal e administrativamente.

O acusado, enquanto não sobrevier qualquer condenação, é apenas acusado, e não pode ser tratado de forma diferente, muito menos de forma discriminatória. A defesa pode e deve utilizar todos os instrumentos e ferramentas, porém, não pode exceder para não configurar abuso, e, portanto, agir à margem da legalidade.

O advogado é indispensável à administração da justiça, constituindo sua atividade em serviço público com relevante função social, devendo trabalhar na defesa do acusado, respeitando a lei e a ética profissional. Sendo, imprescindível, o advogado na defesa dos policiais militares nos processos disciplinares apurados no âmbito da Polícia Militar da Bahia.

Sobre o exercício da advocacia, o ministro Álvaro Moutinho Ribeiro da Costa, presidente do Supremo Tribunal Federal, no período de 1963 a 1966, escreveu em histórico acórdão, *só uma luz nesta sombra, nesta treva, brilha intensa no seio dos autos. É sua voz da defesa, a palavra candente do advogado, a sua lógica, a sua dedicação, o seu cabedal de estudo, de análise e de dialética. Onde for ausente a sua palavra, não haverá justiça, nem lei, nem liberdade, nem honra, nem vida.*

3) COMENTÁRIOS SOBRE AS ALTERAÇÕES INTRODUZIDAS NO ESTATUTO DOS POLICIAIS MILITARES DO ESTADO DA BAHIA

*Eduardo A. A. Amorim**

INTRODUÇÃO

---

* *Advogado e pós-graduando em Direito Público.*

Em 1º de janeiro de 2009, entrou em vigor a Lei Estadual n. 11.356 que criou o prêmio por desempenho policial, alterou a estrutura organizacional e de cargos em comissão da Polícia Militar da Bahia, dentre outras providências.

A referida Lei objetiva promover ajustes à estrutura hierárquica e remuneratória dos policiais militares, por meio do resgate de graduações dantes extintas e da incorporação dos valores pertencentes à Gratificação de Atividade Policial Militar (GAP) ao soldo, com efeitos financeiros distribuídos pelos próximos dois anos. Outrossim, permite o exercício de atribuições de caráter exclusivamente administrativo por servidores civis, que não irão integrar os quadros da Corporação, estabelecendo restrições ao desempenho de tal atividade por policiais militares, de modo a ampliar o policiamento ostensivo nas ruas.

A Lei n. 11.356/2009 também criou o Prêmio por Desempenho Policial para os integrantes da Polícia Militar, a título de remuneração variável de caráter eventual e não obrigatório, ao tempo em que promoveu alterações no Estatuto dos Policiais Militares da Bahia (Lei Estadual n. 7.990/2001), adequando-o às diretrizes estabelecidas pelo Governo Estadual para o setor, ampliando, inclusive, os limites máximos dos quadros de Oficiais e Praças. Ademais, incluiu no Estatuto dos Policiais Militares a Gratificação por Condições Especiais de Trabalho (CET) e a Gratificação pelo Exercício Funcional em Regime de Tempo Integral e Dedicação Exclusiva (RTI), assim como mais uma nova sanção disciplinar: cassação de proventos de inatividade.

Este trabalho, contudo, não tem a pretensão de esgotar as discussões sobre as alterações e novidades promovidas pela Lei Estadual n. 11.356/2009, ou o que ela poderia ter feito ou mudado, e não o fez, mas apenas tratar de alguns pontos que irão afetar diretamente o dia a dia do policial militar, como, por exemplo, as novas gratificações que poderão compor a sua remuneração.

A REMUNERAÇÃO DO POLICIAL MILITAR

De início, será analisado o tratamento conferido ao soldo e, em seguida, serão abordadas as gratificações tratadas pela lei em referência, a Gratificação de Atividade Policial Militar (GAP), a Gratificação por Condições Especiais de Trabalho (CET) e a Gratificação pelo Exercício Funcional em Regime de Tempo Integral e Dedicação Exclusiva (RTI).

SOLDO

A Constituição do Estado da Bahia, em seu art. 47, § 1º, estabelece que o soldo (vencimento básico que compõe a remuneração) do policial militar nunca será inferior ao salário mínimo, senão veja-se:

> Art. 47. Lei disporá sobre a isonomia entre as carreiras de policiais civis e militares, fixando os vencimentos de forma escalonada entre os níveis e classes, para os civis, e correspondentes postos e graduações, para os militares.
> **§ 1º. O soldo nunca será inferior ao salário mínimo fixado em lei.** (Grifos nossos)

O referido dispositivo inserto na Constituição Estadual gera acirrada controvérsia quanto à sua interpretação e aplicabilidade. Enquanto, valendo-se de interpretação gramatical do texto da lei, uma corrente entende que de fato o soldo não poderá ser inferior ao salário mínimo vigente; outra corrente, porém, entende que é a remuneração percebida pelo policial militar (o soldo acrescido das gratificações e adicionais) que não pode ser inferior ao piso do salário mínimo.

O Tribunal de Justiça da Bahia, em alguns julgados, já se posicionou no sentido de sujeitar apenas o *soldo* do policial militar ao mínimo vigente, *in verbis*:

> EMENTA: APELAÇÃO CÍVEL – AÇÃO ORDINÁRIA – **SERVIDOR PÚBLICO ESTADUAL – POLICIAL MILITAR – REAJUSTE SALARIAL – IMPOSSIBILIDADE DE SE FIXAR VENCIMENTO ABAIXO DO MÍNIMO LEGAL** – INCONSTITUCIONALIDADE DA LEI ESTADUAL – CONTROLE DIFUSO – DISSONÂNCIA COM A CF E A CE – GAP REAJUSTE PROPORCIONAL AO SOLDO – PREVISÃO LEGAL – SENTENÇA REFORMADA – RECURSO CONHECIDO E PROVIDO. (TJBA, APCV Nº 39582-3/2007, Relatora Desembargadora SARA SILVA DE BRITO, DPJ 17/01/08) – grifos. (Grifos nossos?)

> EMENTA: APELAÇÃO CÍVEL – AÇÃO ORDINÁRIA – **POLICIAL MILITAR – SOLDO – SALÁRIO MÍNIMO – REAJUSTE – GARANTIA CONSTITUCIONAL** – "GRATIFICAÇÃO DE ATIVIDADE POLICIAL" – REAJUSTE – ÉPOCA E PERCENTUAL – HONORÁRIOS ADVOCATÍCIOS – PERCENTUAL – CUSTAS E DESPESAS PROCESSUAIS – ISENÇÃO – APELO PROVIDO PARCIALMENTE.
> **Se a Constituição Estadual garante aos policiais militares soldo nunca inferior ao salário mínimo (art. 47, parágrafo 1º), sendo este reajustado, o mesmo reajuste deve ser aplicado àquele.**
> O valor da "gratificação de atividade policial" deve sofrer reajuste na mesma época e no mesmo percentual em que forem reajustados os soldos. Inteligência do parágrafo 1º do art. 1º da Lei Estadual n. 7.145/97.
> O percentual de 15% sobre o valor da condenação fixado à título de honorários advocatícios atende aos requisitos do art. 20, §§ 3º e 4º, do Código de Processo Civil.
> O Estado é isento do pagamento de custas e despesas processuais.
> Sentença reformada em parte. Apelo provido parcialmente. (TJBA, APCV Nº 49346-9/2007, Relatora Desembargadora TELMA LAURA SILVA BRITTO, DPJ 03/05/08) –
> (Grifos nossos)

Contudo, este posicionamento não é o dominante na Egrégia Corte Estadual, que, seguindo entendimento do Supremo Tribunal Federal, considera que a garantia do salário mínimo é quanto à integralidade das parcelas que compõe a remuneração (soma do soldo com gratificações e adicionais), e não de qualquer das parcelas isoladamente consideradas.

Data venia, o melhor entendimento é o da corrente que relaciona o soldo percebido pelo policial militar ao salário mínimo vigente, devendo o reajuste ser automático e vinculante para todos os trabalhadores do país, pois assim determina a Constituição Federal, para que as famílias brasileiras possam ter o mínimo necessário para sobreviver dignamente, devendo, por conseguinte, atingir os servidores públicos em geral, inclusive os militares. Não foi por outro motivo que esta norma foi expressa no capítulo dos direitos e garantias sociais dos cidadãos, passando a ter eficácia plena, e, em observância ao princípio da isonomia, foi estendida aos servidores públicos pela própria Lei Fundamental em seu art. 39, § 3°.

GRATIFICAÇÃO DE ATIVIDADE POLICIAL MILITAR (GAP)

A GAP, criada pela Lei n. 7.145/1997, é concedida ao policial militar a fim de compensá-lo pelo exercício de suas atividades e os riscos delas decorrentes, considerando, cumulativamente, a natureza do exercício funcional, o grau de risco inerente às atribuições normais do posto ou graduação e o conceito e nível de desempenho do policial militar. Essa vantagem tem caráter geral, isto é, é paga a todos os policiais militares do Estado.

Hoje, a mencionada gratificação constitui a maior parcela que compõe a remuneração do policial militar e, por essa razão, recebe um tratamento especial do Estatuto dos Policiais Militares que prevê o seu reajuste na mesma época e no mesmo percentual de revisão do soldo, de modo a não sofrer desvalorização com o passar do tempo.

Importante frisar que, ao fixar a GAP com valor nominal específico, o legislador estadual visou evitar a sua incidência sobre soldo, assim como o fez com a Gratificação de Habilitação PM, por exemplo. Com isso, a única relação existente entre a GAP e o soldo é o critério de revisão, em que a gratificação deve ser reajustada na mesma época e no mesmo percentual de reajuste atribuído ao vencimento básico, nos termos do art. 110, § 3°, da Lei n. 7.990/2001.[27]

No tocante a GAP, a Lei n. 11.356/2009 prevê o seu pagamento para Aspirante a Oficial da PM, que antes não a percebia, bem como fixa novos valores tanto para este benefício quanto para o soldo, estabelecendo para a referida gratificação outros reajustes a partir de 1° de outubro de 2009, 1° de setembro de 2010 e 1° de novembro de 2011, na forma do Anexo II da Lei.

Neste mesmo diapasão, a referida Lei também determina que os valores do soldo e da GAP estão sujeitos à atualização decorrente de revisão geral da remuneração dos servidores públicos estaduais, que ocorrerem nos exercícios de 2009, 2010 e 2011, não obstante as alterações supra mencionadas.

É relevante ressaltar que, embora a Lei n. 7.145/1997 tenha escalonado a GAP em 5 níveis, até hoje o Governo do Estado, doze anos após a criação do benefício, não regulamentou a GAP IV e a GAP V. Através do Decreto n. 6.749/1997, o Poder Executivo Estadual somente disciplinou os requisitos necessários à concessão da GAP nas referências I, II e III. Assim, de início, a partir de agosto de 1997, foi concedida a todos os policiais militares da ativa a GAP I, referência que foi posteriormente revisada para a GAP II, para aqueles servidores que exerciam regime de trabalho de 30 (trinta) horas semanais, ou para a GAP III, concedida para aqueles que cumpriam jornada de trabalho

---

[27] Que dispõe o seguinte: *"Os valores da gratificação de atividade policial militar serão revistos na mesma época e no mesmo percentual de reajuste do soldo."*

de 40 (quarenta) horas por semana, de modo que não existe mais a possibilidade do policial perceber a GAP I.

Vale lembrar que o ato da Administração Pública de proceder à revisão da referência da GAP é vinculado, já que a norma existe e é clara quanto à obrigatoriedade do pagamento em diferentes níveis, bastando, tão-só, que o policial militar preencha o requisito para perceber a GAP II ou a GAP III que lhe deve ser paga a gratificação na referência a que faz jus.

Destaque-se o posicionamento da doutrina acerca do ato administrativo vinculado:

> Pode-se, pois, concluir que a atuação da Administração Pública no exercício da função administrativa é vinculada quando a lei estabelece a única solução possível diante de determinada solução de fato; ela fixa todos os requisitos, cuja existência a Administração deve limitar-se a constatar, sem qualquer margem de apreciação subjetiva. (DI PIETRO, Maria Sylvia Zanella. *Direito Administrativo*. 21ª ed., São Paulo: Editora Atlas, 2008, p. 201)

Quanto à GAP IV e GAP V, como já dito, ainda não foram regulamentadas, o que impede o pagamento da gratificação nessas referências. Para tanto, é preciso apenas vontade política para disciplinar o procedimento e requisitos para concessão e pagamento da GAP nos citados níveis.

Tratando da mesma gratificação, a Lei n. 11.356/2009, em seu art. 2º, determina a incorporação anual de quantia antes pertencente à GAP ao soldo, pelos próximos dois anos, concedendo relevante benefício aos policiais militares. Isto porque, desta forma, a Administração Pública confere definitividade na percepção de uma parcela remuneratória antes integrante da GAP, aumentando o valor do vencimento básico do servidor militar e, por efeito, de todas as vantagens que utilizam o soldo como base de incidência, a exemplo da Gratificação de Habilitação PM (GHPM). Logo, quanto maior o valor do soldo, maior será o valor da GHPM, por exemplo.

Como se não bastasse, ao deslocar valores pertencentes à GAP para o soldo, a Lei n. 11.356/2009 está reajustando o vencimento básico e, por essa razão, deve revisar esta gratificação em idêntico percentual, sob pena de ofensa ao art. 110, § 3º, da Lei 7.990/2001. Todavia, a referida lei não estabeleceu o reajuste da GAP proporcional a este deslocamento, situação que viola o direito dos policiais militares de terem o benefício reajustado na mesma época e percentual de revisão do soldo.

Em relação ao reajuste da GAP, é pacífico o entendimento do Tribunal de Justiça da Bahia no sentido de que esta vantagem deve ser revisada no mesmo percentual de revisão do soldo, conforme se verifica nos julgados ora transcritos:

> EMENTA: APELAÇÃO CÍVEL E REMESSA NECESSÁRIA. GRATIFICAÇÃO DE ATIVIDADE POLICIAL – GAP. AÇÃO ORDINÁRIA JULGADA PROCEDENTE. LEI ESTADUAL QUE ESTABELECE REAJUSTE PARA O SOLDO. INTEGRAÇÃO DA ATIVIDADE POLICIAL AO VENCIMENTO. **TEM O POLICIAL MILITAR DIREITO A TER REAJUSTADA A GAP NO MESMO PERCENTUAL DE REAJUSTE ESTABELECIDO PARA O SOLDO, POIS TAL AJUSTE VENCIMENTAL TEM A FINALIDADE DE ATUALIZAÇÃO MONETÁRIA.** HONORÁRIOS ADVOCATÍCIOS REDUZIDOS PARA O EQUIVALENTE A 10% DO VALOR DA CONDENAÇÃO. APELO PROVIDO EM PARTE APENAS PARA REDUZIR O VALOR DA VERBA HONORÁRIA. SENTENÇA PARCIALMENTE REFORMADA. (TJBA, APCV 56373-9/2008, Quinta

Câmara Cível, Relator Desembargador JOSÉ CÍCERO LANDIN NETO, DPJ
01/12/08) – (Grifos nossos)

EMENTA: APELAÇÃO CÍVEL E REMESSA NECESSÁRIA – AÇÃO ORDINÁRIA
– **SERVIDOR PÚBLICO ESTADUAL – POLICIAL MILITAR – GAPM –
REAJUSTE PROPORCIONAL AO SOLDO – PREVISÃO LEGAL –**
HONORÁRIOS ADVOCATÍCIOS – OBSERVÂNCIA DOS PARÂMETROS
ESTABELECIDOS NOS §§ 3° E 4° DO ART. 20 DO CPC – SENTENÇA MANTIDA
– RECURSO CONHECIDO E IMPROVIDO. **Deve a Gratificação de atividade
policial Militar (GAP) ter o mesmo percentual de reajuste do soldo, em
observância da norma prescrita no art. 7°, § 1°, da Lei Estadual 7.145/97.** Não
enseja majoração ou redução a verba honorária fixada no percentual razoável de 15%
(quinze por cento) sobre o valor da causa, em observância aos parâmetros estabelecidos
no art. 20, §§ 3° e 4° do CPC. (TJBA, APCV 7763-0/2008, Primeira Câmara Cível,
Relatora Desembargadora SARA SILVIA DE BRITO, DPJ 23/09/08) – (Grifos nossos)

GRATIFICAÇÃO POR CONDIÇÕES ESPECIAIS DE TRABALHO (CET)

A Lei n. 11.356/2009 incluiu no § 1° do art. 102 do Estatuto dos Policiais Militares a alínea "j", instituindo a Gratificação por Condições Especiais de Trabalho (CET) no rol de gratificações a que faz jus o policial militar no serviço ativo.

Sobre a CET é importante destacar que esse benefício fora instituído pela Lei n. 6.932/1996 e regulamentada pelo Decreto n. 5.601/1996, não estando prevista, até então, no Estatuto dos Policiais Militares. Inicialmente, era paga apenas a servidores públicos civis do estado visando: I) compensar o trabalho extraordinário não eventual, prestado antes ou depois do horário normal; II) remunerar o exercício de atribuições que exijam habilitação específica ou demorados estudos e criteriosos trabalhos técnicos e; III) fixar o servidor em determinadas regiões.

Cabe abordar os aludidos requisitos referentes à CET, pois o pagamento desta gratificação gera muita polêmica na tropa. Assim, fixadas as exigências legais, a CET deve ser paga àqueles policiais, sejam Oficiais ou Praças, que preencham os requisitos estabelecidos.

O Decreto n. 5.601/1996, que regulamenta o mencionado benefício, distingue a CET paga para compensar o trabalho extraordinário não eventual, prestado antes ou depois do horário normal, do adicional por prestação de serviço extraordinário (horas-extras) previsto no Estatuto dos Policiais Militares.

Enquanto que por trabalho extraordinário não eventual entende-se aquele cuja prestação se prolongue, continuadamente, por mais de 3 (três) meses quando o interesse público reclamar o exercício das atribuições inerentes ao cargo ou função ocupado pelo servidor, em regime de antecipação ou prorrogação da jornada normal de trabalho; as horas-extras, por sua vez, somente serão permitidas para atender situações excepcionais e temporárias.

Quanto à horas-extras, o Decreto n. 8.095/2002 estabeleceu como situações excepcionais e temporárias as que decorrem de: a) execução de programas ou operações de reforço à segurança pública, constituindo projetos específicos, com tempo de duração pré-estabelecidos; b) ocorrências localizadas de anormal perturbação da ordem pública, reclamando ações programadas de prevenção ou repressão, em caráter ininterrupto e; c) serviços inadiáveis para fazer face a motivo de força maior, ou cuja inexecução possa acarretar prejuízo manifesto. O decreto supracitado também regulamentou que o adicional de serviço extraordinário será pago no mês imediatamente subsequente ao da execução dos serviços, salvo se circunstâncias especiais, a critério do Governador do Estado, justificarem a antecipação do pagamento.

Ainda sobre essas duas parcelas remuneratórias, vale informar que o trabalho extraordinário, em ambas, não poderá exceder o teto de 2 (duas) horas diárias, sendo que esse limite, no tocante às horas-extras, pode ser elevado nas atividades que não comportem interrupção.

Registre-se, também, que a CET será paga no percentual de 50% (cinquenta por cento), incidente sobre o vencimento básico (soldo) atribuído ao cargo ou função, enquanto que a hora-extra será remunerada com acréscimo de 50% (cinquenta por cento) em relação à hora normal de trabalho, incidindo sobre o soldo e a GAP ou outra que a substitua, na forma disciplinada em regulamento.

O Decreto n. 5.601/1996, que trata da CET, ainda estabelece como finalidade do pagamento desse benefício "remunerar o exercício de atribuições que exigem habilitação específica ou demorados estudos e criteriosos trabalhos técnicos". Isto significa que, a CET será concedida quando o exercício das atribuições inerentes ao cargo ou função exigir: I - especialização adquirida pela participação em programa de capacitação, treinamento ou aperfeiçoamento profissional, correlato com a formação básica do servidor ou com a atividade por ele exercida; II - a execução de tarefas suplementares, de natureza técnica ou científica, envolvendo estudos, consultas, pesquisas ou análise e interpretação de dados.

O mencionado Decreto também prevê a concessão da CET, com o fim de "fixar o servidor em determinadas regiões" para execução de programas ou cumprimento de funções de governo, se fizer necessário o deslocamento do servidor, por não dispor o local onde devam ser executados os serviços de pessoal com formação ou especialização na área de conhecimento exigida.

Apenas com o advento da Lei n. 7.023/1997 (art. 9º) é que o pagamento da CET fora estendida aos policiais militares, desde que preenchidos os requisitos acima elencados, logo, não é paga a todos os policiais, mas, tão-somente, àqueles que cumprem as exigências legais, sejam Oficiais ou Praças. Não havia, porém, previsão legal para a estabilidade na CET para os servidores militares, assim como havia para os civis, razão pela qual a referida gratificação não era incorporada aos proventos do inativo, senão por ordem judicial, como a abaixo transcrita:

> Isto posto e por tudo o mais que dos autos consta, **JULGO PROCEDENTE a demanda, para condenar o Estado da Bahia a reincorporar a Gratificação de Condições Especiais de Trabalho (CET) aos seus proventos, bem como o pagamento das diferenças devidas, a contar de outubro de 2001, acrescidos de juros legais e correção monetária.** Condeno, ainda, o Requerido no pagamento de honorários advocatícios que fixo em 15% (quinze por cento) sobre o valor da condenação, com fulcro no art.20, do CPC. Em face do duplo grau de jurisdição, recorro de ofício. Decorrido o prazo de recurso, com ou sem este, remetam-se os autos ao Egrégio Tribunal de Justiça da Bahia.

(Sentença proferida pelo MM Juízo da 7ª Vara da Fazenda Pública no processo tombado sob o nº 1342883-7/2006, publicada no DPJ do dia 29/10/2007) – (Grifos nossos)

Hoje, contudo, os policiais militares poderão incorporar a mencionada gratificação nos proventos de inatividade integrais ou proporcionais, desde que, quando em atividade, o servidor a tenha percebido por 5 (cinco) anos consecutivos ou 10 (dez) anos interpolados, calculados pela média percentual dos últimos 12 (doze) meses imediatamente anteriores ao mês civil em que for protocolado o pedido de inativação ou àquele em que for adquirido o direito à inatividade (art. 110-D do Estatuto PM, introduzido pela Lei n. 11.356/2009).

Ressalte-se que, a CET ainda precisa ser regulamentada pelo Governo e que somente poderá ser concedida no limite máximo de 125% (cento e vinte e cinco por cento) na forma em que for fixada em regulamento; o Conselho de Políticas de Recursos Humanos (COPE) expedirá resolução fixando os percentuais da CET.

GRATIFICAÇÃO PELO EXERCÍCIO FUNCIONAL EM REGIME DE TEMPO INTEGRAL E DEDICAÇÃO EXCLUSIVA (RTI)

Outra novidade advinda com a Lei n. 11.356/2009 foi a instituição da Gratificação pelo Exercício Funcional em Regime de Tempo Integral e Dedicação Exclusiva (RTI) no Estatuto da PM, introduzida no art. 102, § 1º, alínea "k", da Lei n. 7.990/2001.

Conforme dispõe o art. 110-A do Estatuto dos Policiais Militares (também introduzido pela Lei n. 11.356/2009), a RTI poderá ser concedida aos policiais militares com o objetivo de remunerar o aumento da produtividade de unidades operacionais e administrativas ou de seus setores ou a realização de trabalhos especializados.

A RTI ainda precisa ser regulamentada pelo Governo do Estado e poderá ser concedida nos percentuais mínimo de 50% (cinquenta por cento) e máximo de 150% (cento e cinquenta por cento), na forma fixada em regulamento; o Conselho de Políticas de Recursos Humanos (COPE) expedirá resolução fixando os percentuais da Gratificação pelo Exercício Funcional em Regime de Tempo Integral e Dedicação Exclusiva – RTI.

De igual maneira a CET, o policial militar poderá incorporar a RTI nos proventos de inatividade.

Tanto a CET como a RTI incidirão sobre o soldo recebido pelo beneficiário e não servirão de base para cálculo de qualquer outra vantagem, salvo as relativas à remuneração de férias, abono pecuniário e gratificação natalina (13º salário). Quando se tratar de ocupante de cargo ou função de provimento temporário, a base de cálculo será o valor do vencimento do cargo ou função, exceto se o militar optar expressamente pelo soldo do posto ou graduação.

SERVIDORES CIVIS NO EXERCÍCIO DE ATRIBUIÇÕES ADMINISTRATIVAS

Certamente, a maior inovação trazida pela Lei n. 11.356/2009 foi a contida em seu art. 5º, que possibilita o exercício de atribuições de natureza exclusivamente administrativa por servidores civis no âmbito da Polícia Militar, na forma prevista em regulamento próprio, sem integrarem os quadros da organização, desde que em atividades que não comprometam a segurança das informações de interesse estratégico da Corporação.

Após 12 (doze) meses, contados da publicação da Lei n. 11.356/2009, o exercício de atribuições de caráter administrativo por policiais militares somente será admitido nas hipóteses e limites estabelecidos por regulamento próprio. Essa medida visa ampliar o policiamento ostensivo nas ruas de modo a combater o avanço da criminalidade no Estado.

Embora a inclusão de civis no regime militar possa causar controvérsia ou, até mesmo, certa antipatia dentro da Corporação, entende-se ser adequada a referida postura adotada pelo Governo, haja vista a existência na Constituição Federal de princípios que impõe à Administração Pública finalidade e eficiência nos seus atos. Esta só existe e se justifica para atender a um fim público, que é o resultado que se busca alcançar com a prática do ato, e que consiste em satisfazer, em caráter geral e especial, os interesses da coletividade.

Leciona o Doutor Dirley da Cunha Jr. que existe uma finalidade pública geral prevista em todas as leis, e uma finalidade pública especial ditada pela lei à qual se esteja dando execução.

Dessa forma, o referido autor cita o festejado Celso Antônio Bandeira de Mello ao esclarecer que o princípio da finalidade

> impõe que o administrador, ao manejar as competências postas a seu encargo, atue com rigorosa obediência a finalidade de cada qual. Isto é, cumpre-lhe cingir-se não apenas à finalidade própria de todas as leis, que é o interesse público, mas também à finalidade específica abrigada na lei a que esteja dando execução.

O princípio da eficiência, por sua vez, deve ser considerado em relação ao modo de organizar, estruturar e disciplinar a Administração Pública, com o objetivo de alcançar os melhores resultados no desempenho da função ou atividade administrativa.

Consoante José Eduardo Martins Cardoso – "Princípios constitucionais da administração pública". *In*: MORAES, Alexandre de (Coord.). *Os 10 anos da Constituição Federal*. São Paulo: Atlas, 1999, p. 164 -, citado por Waldo Fazzio Júnior, o princípio da eficiência

> determina aos órgãos e pessoas da Administração Direta e Indireta que, na busca das finalidades estabelecidas pela ordem jurídica, tenham uma ação instrumental adequada, constituída pelo aproveitamento maximizado e racional dos recursos humanos, materiais, técnicos e financeiros disponíveis, de modo que possa alcançar o melhor resultado quantitativo e qualitativo possível, em face das necessidades públicas existentes.

Portanto, ao restringir o exercício de atividades administrativas por policiais militares, possibilitando tal exercício a servidores civis, o Governo estará aproveitando os recursos humanos disponíveis de forma eficiente a atingir a finalidade da Polícia Militar: preservar a ordem pública e a incolumidade das pessoas e do patrimônio, nos termos do art. 144 da Constituição Federal:

> Art. 144 - **A segurança pública, dever do Estado, direito e responsabilidade de todos, é exercida para a preservação da ordem pública e da incolumidade das pessoas e do patrimônio, através dos seguintes órgãos:**
> I - polícia federal;
> II - polícia rodoviária federal;
> III - polícia ferroviária federal;
> IV - polícias civis;
> V - **polícias militares e corpos de bombeiros militares**. (Grifos nossos)

Sem sombra de dúvidas, é através de policiamento ostensivo que a Administração Pública inibe a criminalidade e, por efeito, mantém a ordem e segurança pública. Por essa razão, correta a decisão do Governo em aumentar o efetivo de policiais militares nas ruas de modo a alcançar a finalidade específica da Corporação, deixando o exercício da atividade administrativa, que é uma atividade meio, desde que não comprometa a segurança das informações de interesse estratégico da Polícia Militar, a cargo de servidores civis.

Vale frisar que, aqueles policiais militares que, submetidos à ordem médica, devam restringir suas atividades àquelas administrativas, não poderão atuar no policiamento ostensivo, mas sim deverão exercer suas funções no serviço burocrático, independente da referida limitação imposta pela Lei n. 11.356/2009.

Isto porque a Constituição Federal, no art. 1º, inciso III, estabelece como fundamento da República Federativa do Brasil a dignidade da pessoa humana e no *caput* do art. 5º, elenca, no rol dos direitos fundamentais, o direito à vida.

Sobre o direito à vida, encontra-se na melhor doutrina do professor José Afonso da Silva, a seguinte conceituação: *"direito de estar vivo, de lutar pelo viver, de defender a própria vida, de permanecer vivo".* Corrobora com tal entendimento o mestre Alexandre de Moraes: *"O direito à vida é o mais fundamental de todos os direitos, já que se constitui em pré-requisito à existência e exercício de todos e demais direitos".*

Nesse diapasão, conclui o ilustre mestre:

> A Constituição Federal proclama, portanto, o direito à vida, cabendo ao estado assegurá-lo em sua dupla acepção, sendo a primeira relacionada ao direito de continuar vivo e a segunda de se ter vida digna quanto à subsistência.

Dessa forma, resta evidente que a atuação de policial militar no policiamento ostensivo, quando portador de determinação médica para limitar-se ao serviço administrativo, constitui um flagrante risco à integridade física do próprio miliciano como da coletividade, tendo em vista a natureza e o risco constante da atividade policial militar.

Sendo assim, em submissão ao princípio da Supremacia da Constituição, que impõe a interpretação do ordenamento jurídico (incluindo leis em sentido amplo, atos administrativos etc.) à luz da Constituição Federal, o policial militar portador de recomendação médica para limitar suas atividades ao serviço administrativo, deve restringir-se ao serviço burocrático, sob pena de grave ofensa à Lei Fundamental, que tutela o direito à vida, englobando o direito à integridade física e moral dos indivíduos.

Todavia, cessado o motivo que deu origem ao afastamento do servidor militar do policiamento ostensivo, este deve imediatamente retornar às ruas. Além do que, configurada simulação pelo policial, este poderá ser responsabilizado, nos termos do art. 51, inciso V, do Estatuto dos Policiais Militares, que possui a seguinte redação: *simular doença para esquivar-se ao cumprimento de qualquer dever, serviço ou instrução.*

Outro ponto relevante acerca deste tema diz respeito às atividades que se enquadram no conceito de "atribuições de caráter administrativo" de modo a permitir o seu exercício por servidores civis. Razoável entender que tais funções são aquelas que não se relacionam com a atividade fim da Polícia Militar a as quais não exijam para o seu exercício formação e treinamento militar. Ademais, devem ainda ser indicadas taxativamente em lei de modo a conferir segurança tanto ao servidor que a execute como à sociedade.

Dessa forma, seria permitido o exercício de servidores civis nas atividades de digitador, faxineiro e mecânico, por exemplo. Todavia, ainda que a atividade não seja de policiamento ostensivo ou que seja desenvolvida dentro do quartel, não significa dizer que seja serviço administrativo. As funções de almoxarife, operador de rádio ou motorista, por exemplo, devem ser executadas por policiais militares, pois exigem contato com armamento ou linguagem técnica-militar ou pode exigir intervenção policial.

PRÊMIO POR DESEMPENHO POLICIAL

Convém pontuar também a criação do Prêmio por Desempenho Policial para os integrantes da Polícia Militar, previsto no art. 11 da Lei n. 11.356/2009, a título de remuneração variável de natureza eventual e não obrigatória, em virtude do alcance de resultados e metas pré-estabelecidas em regulamento próprio. O referido prêmio será concedido uma única vez por ano e contemplará, no máximo, 30% (trinta por cento) da tropa, abrangendo Praças e Oficiais. O seu valor máximo corresponderá ao resultado da soma do soldo com a GAP do mês anterior à concessão, sendo vedado o seu pagamento antecipado.

Os critérios para a concessão de Prêmio por Desempenho Policial ainda serão regulamentados pelo Poder Executivo, situação que condiciona o seu pagamento até a expedição de regulamento próprio. E é justamente nesse aspecto que a Administração Pública deve pautar-se estritamente nos princípios constitucionais da isonomia, impessoalidade e da moralidade administrativa, de modo a evitar que apenas determinados servidores ("peixes") sejam beneficiados com o aludido benefício.

A Administração Pública deve agir com impessoalidade de modo a atender, indistinta e objetivamente, a toda a coletividade, *in casu*, os integrantes da Polícia Militar do Estado da Bahia, e não a certos membros em detrimento de outros. O princípio da isonomia, por sua vez, é fundamento básico da democracia. Significa dizer que todos merecem as mesmas oportunidades, sendo vedado privilégios e perseguições, configurando-se, dessa forma, este preceito no mais importante limite à discricionariedade legislativa.

Citado pelo Doutor Dirley da Cunha Jr., ensina o sempre lembrado Celso Antônio Bandeira de Mello: *"A Lei não deve ser fonte de privilégios ou perseguições, mas instrumento regulador da vida social que necessita tratar equitativamente todos os cidadãos"*.

Já sobre o princípio da moralidade administrativa, leciona a professora Maria Sylvia Zanella Di Pietro:

> Em resumo, sempre que em matéria administrativa se verificar que o comportamento da Administração ou do administrado que com ela se relaciona juridicamente, embora em consonância com a lei, ofende a moral, os bons costumes, as regras de boa administração, os princípios de justiça e equidade, a idéia comum de honestidade, estará havendo ofensa ao princípio da moralidade administrativa.

Ainda sobre o referido primado, complementa o Doutor Dirley da Cunha Jr.:

> Segundo o STF, o princípio da moralidade administrativa revela-se como **valor constitucional** impregnado de substrato ético e erigido à condição de **vetor fundamental** que rege as atividades do Poder Público, que representa verdadeiro pressuposto de legitimação constitucional dos atos emanados do Estado (...).

Dessa forma, ao estabelecer os critérios para a concessão do Prêmio por Desempenho Policial, a Administração Pública está obrigada a criar requisitos objetivos que oportunizem toda a tropa, de modo justo e igualitário, a concorrer ao mencionado benefício, evitando a restrição do seu pagamento a apenas poucos privilegiados dotados de influência na Corporação, sob pena de ser declarado inconstitucional.

RETORNO DAS GRADUAÇÕES DE CABO PM E SUBTENENTE PM

Outro ponto polêmico erigido pela Lei n. 11.356/2009 diz respeito ao retorno das graduações de Cabo PM e Subtenente PM, patentes com previsão de extinção na Lei n. 7.145/1997, e efetivamente extintas pelo Estatuto dos Policiais Militares (Lei n. 7.990/2001). Dessa maneira, elevou-se o número de graduações existentes na PMBA. Dessa forma, a escala hierárquica da Polícia Militar, com as alterações introduzidas no art. 9º da Lei nº 7.990/2001 pela Lei nº 11.365/2009, passou a ser a seguinte:

> Art. 9º - Os postos e graduações da escala hierárquica são os seguintes:
> I.   Oficiais:
> a)   Coronel PM;
> b)   Tenente Coronel PM;
> c)   Major PM;
> d)   Capitão PM;

    e) 1º Tenente PM.
   II. Praças Especiais:
    a) Aspirante-a-Oficial PM;
    b) Aluno-a-Oficial PM;
    c) Aluno do Curso de Formação de Sargentos PM;
    d) Aluno do Curso de Formação de Cabos PM;
    e) Aluno do Curso de Formação de Soldados PM.
   III. Praças:
    a) Subtenente PM;
    b) 1º Sargento PM;
    c) Cabo PM;
    d) Soldado 1ª Classe PM

   Essa alteração na escala hierárquica da PM trouxe diversas implicações e dúvidas quanto à vida funcional dos praças. Inicialmente, vale informar que o objetivo dessa mudança foi reduzir o tempo de espera para promoção desses profissionais, desenvolvendo perspectivas de crescimento funcional e, por efeito, motivação para o policial militar.

   A medida em tela permitirá que milhares de Praças que estavam estagnados em suas graduações cresçam de status dentro da Corporação. Todavia, o aumento das graduações implicou na redução do número de vagas de 1º Sargento PM, prejudicando a rapidez com que os Soldados PM e Cabos PM atinjam aquela graduação.

   Embora as graduações de Cabo PM e Subtenente PM tenham retornado à escala hierárquica da PMBA, desde 1º de janeiro de 2009, cabe destacar que foi respeitado o direito adquirido dos policiais militares que ingressaram na Corporação antes dessa data. Assim, aos Praças que, na data da inatividade, possuírem 30 (trinta) anos ou mais de serviço, fica garantido a percepção dos proventos de inatividade calculados com base na remuneração do posto imediato, independentemente de promoção para as graduações de Cabo PM e Subtenente PM.

   Destaque-se a redação do art. 8º, *caput*, e parágrafo único, da Lei n. 11.356/2009:

> Art. 8º - Aos Praças ingressos na Corporação até a data de início de vigência desta Lei, que vierem a alcançar a graduação de 1º Sargento PM e na data da inatividade possuírem 30 (trinta) anos ou mais de serviço, fica assegurado o direito de cálculo dos proventos com base na remuneração integral do posto de 1º Tenente, independentemente de promoção à graduação de Subtenente.
> Parágrafo único - Aos Praças ingressos na Corporação até a data de início de vigência desta Lei, que, no momento da inatividade, ainda ostentarem a graduação de soldado de 1ª Classe PM e possuírem 30 (trinta) anos ou mais de serviço, fica assegurado o direito de cálculo dos proventos com base na remuneração integral da graduação de 1º Sargento PM.

   Como já dito, essas regras se aplicam a todos os policiais militares que ingressaram na Corporação em data anterior à vigência da Lei n. 11.356/2009, isto é, 1º de janeiro de 2009. Os Praças que ingressarem na PMBA após essa data continuam com a garantia do posto imediato, porém deverão submeter-se à nova escala, respeitando as quatro graduações.

   O mesmo raciocínio se aplica à garantia do Curso Especial de Sargentos e da respectiva promoção. Ou seja, qualquer Soldado PM que ingressou na Corporação até 1º de janeiro de 2009 poderá realizar o mencionado curso e concorrer diretamente à promoção para 1º Sargento PM, por critérios de merecimento ou antiguidade, sem precisar ser promovido a Cabo PM, desde que, preenchidos os demais requisitos, ocupe por, no mínimo, 60 (sessenta) meses a graduação de Soldado PM, nos termos da alínea "g" do §2º do art. 134 do Estatuto da PM, obviamente, com a redação anterior a Lei n. 11.356/2009.

Já o Soldado PM que ingressar na Corporação após a referida data terá que cumprir o interstício mínimo de 120 (cento e vinte) meses na graduação e ser promovido a Cabo PM antes de atingir a graduação de 1º Sargento PM, de acordo com a nova redação da alínea "g" do §2º do art. 134 do Estatuto da PM conferida pela Lei n. 11.356/2009.

Um benefício indireto decorrente do resgate das graduações de Cabo PM e Subtenente PM interessa àqueles policiais que foram transferidos para a reserva remunerada ou foram reformados ocupando tais graduações, ou ainda percebendo proventos calculados com base na remuneração dessas graduações.

Isto porque, com a exclusão dessas graduações da escala hierárquica da PMBA, prevista na Lei n. 7.145/97 e efetivada pela Lei n. 7.990/01, os então inativos foram prejudicados, pois não foram agraciados com o reenquadramento funcional, assim como aconteceu com os servidores ativos, que foram reclassificados de Cabo PM para 1º Sargento PM e de Subtenente PM para 1º Tenente PM.

Se valendo de uma brecha contida no art. 4º da Lei n. 7.145/1997[28], o Estado da Bahia não reclassificou os inativos, como deveria ter feito, sob o argumento de que as graduações de Cabo PM e Subtenente PM ainda não foram extintas, mas seriam, futuramente, a medida que vagarem, mediante lei que autorizasse a referida exclusão.

Tal situação configurou como uma manifesta afronta à Constituição Federal, que prevê o princípio da isonomia entre servidores ativos e inativos, insculpido na antiga redação do seu art. 40, § 8º. Por essa razão, o Poder Judiciário fora provocado para corrigir essa ilegalidade perpetrada pelo Estado da Bahia, manifestando-se, por diversas vezes, no sentido de deferir a pretensão reclassificatória dos militares inativos, como destacado pela Desembargadora Silvia Zarif, na relatoria do recurso de apelação nº 21685-7/2007:

> Essa interpretação trazida à baila pelo Estado da Bahia, ao criar diferenciação entre servidores ativos e inativos, incorreu em grave afronta ao regramento constitucional constante do art. 7º da EC n.º 41, que determina a extensão, aos servidores inativos, de todos os benefícios e vantagens aplicáveis aos ativos, inclusive os decorrentes de reclassificação do cargo ou função que serviu de referência para a concessão de aposentadoria ou de pensão, na forma da lei.
> **No caso, se o benefício decorrente da modificação da grade de escala hierárquica aproveitou aos Servidores que se encontravam na ativa, que não se submetem mais à graduação de cabo, tem-se que, face aos princípio da isonomia, tais vantagens devem ser estendidas também aos Servidores inativos.** (Grifos nossos)

---

[28] Com a seguinte redação: *"As graduações de Aspirante a Oficial, Subtenente e Cabo serão extintas **a medida que vagarem**"* *(grifos)*

Nesse diapasão, outros julgados proferidos pelo Egrégio Tribunal de Justiça da Bahia confirmavam a extinção das aludidas graduações, determinando a reclassificação dos inativos, veja-se:

> EMENTA: **APELAÇÃO CÍVEL. AÇÃO ORDINÁRIA. REMUNERAÇÃO DE APOSENTADORIA BASEADA EM GRADUAÇÃO CUJA EXTINÇÃO FOI ORDENADA EM LEI. OFENSA AO PRINCÍPIO DA ISONOMIA. PEDIDO DE CÁLCULO DE PROVENTOS COM BASE NO SOLDO DE 1° TENENTE. SENTENÇA DE IMPROCEDÊNCIA QUE MERECE SER REFORMADA.**
> 1. Considerando-se que, com a extinção da graduação de Subtenente, o grau hierárquico superior ao do Apelante passou a ser de 1° Tenente PM, é com base no soldo deste que os seus proventos deverão ser calculados, para fins de aplicação do quanto dispõe o art. 51, II, e § 1°, "c", da Lei Estadual n° 3.933/81. Veja-se, ademais, que os servidores da ativa que estejam em grau hierárquico idêntico ao do apelante (quando se aposentou) serão promovidos para 1° Tenente, ignorando-se a graduação de Subtenente. Disso decorre que a interpretação dada pelo Estado da Bahia à situação termina por conferir tratamento desigual a servidores a servidores, em que pese a equivalência fática existente entre os mesmos.
> 2. Prescrição qüinqüenal que atinge as prestações vencidas em data anterior ao qüinqüênio que antecedeu o ajuizamento da ação. **APELO PARCIALMENTE PROVIDO.** (TJBA, APCV 42272-1/2008, Primeira Câmara Cível, Relatora Desembargadora MARIA DA PURIFICAÇÃO SILVA, DPJ 23/09/08) (Grifos nossos)

Dessa maneira, ao resgatar as mencionadas graduações, o Estado da Bahia confessa tê-las extintas, devendo, por questões morais, legais e de justiça, reparar os danos causados aos inativos que não foram contemplados com a reclassificação ocorrida na grade hierárquica da Corporação, procedendo ao reenquadramento dos mesmos, assim como pagar-lhes o retroativo devido.

Não é porque a Lei n. 11.356/09 reincluiu Cabo PM e Subtenente PM na escala hierárquica da PMBA que os já inativos, ocupantes de tais graduações ou percebendo os proventos com base nelas, perderam o direito ao reenquadramento funcional. Isto porque a Carta Magna determina que aos inativos devem ser estendidos todos os benefícios e vantagens concedidos aos servidores em atividade, inclusive decorrentes de reclassificação. Portanto, com a exclusão das citadas graduações, nasceu para os então inativos o direito de serem reclassificados para 1° Sargento PM, no caso dos Cabos PM, e para 1° Tenente PM, no caso dos Subtenentes PM.

O retorno dessas graduações, porém, não pode alcançar o direito dos já inativos de serem reclassificados, pois apenas os benefícios e vantagens concedidos aos servidores ativos é que devem ser estendidos aos inativos, e a hipótese em análise evidentemente não se configura como melhorias e vantagens aos inativos.

RESPONSABILIDADE DO POLICIAL MILITAR. SANÇÃO DISCIPLINAR: CASSAÇÃO DE PROVENTOS DE INATIVIDADE

Por fim, antes de abordar o último tema proposto neste trabalho, cassação de proventos de inatividade, necessário se faz tecer breves considerações acerca da responsabilidade do policial militar.

O policial militar, enquanto em serviço ativo, pelo mesmo ato, poderá responder, cumulativamente, na esfera civil, penal e administrativa. Em outras palavras, ele pode praticar atos ilícitos no âmbito civil, penal e administrativo.

Quanto à responsabilidade do policial militar vale transcrever o art. 50, *caput*, e § 4º, da Lei n. 7.990/2001:

> Art. 50 - O policial militar responde civil, penal e administrativamente pelo exercício irregular de suas atribuições.
> (...)
> §4º - As responsabilidades civil, penal e administrativa poderão cumular-se, sendo independentes entre si.

A responsabilidade civil decorre de ato omissivo ou comissivo, doloso ou culposo, que resulte em prejuízo ao erário ou a terceiros. No primeiro caso, a reparação dos danos causados ao erário será feita por intermédio de imposição legal (procedimento auto-executório) ou judicial, sendo descontado dos vencimentos do servidor a importância necessária ao ressarcimento do prejuízo, respeitado o limite mensal fixado em lei, com vistas à preservação da natureza alimentar do salário. Já a reparação pelos danos causados à terceiro será efetivada através de indenização paga pelo Estado à vítima com a posterior responsabilização, via ação regressiva, do policial militar perante a Fazenda Pública.

A responsabilidade penal é aquela decorrente da prática de crime ou contravenção penal, seja por dolo ou culpa. Tal responsabilidade do policial é apurada pelo Poder Judiciário.

A responsabilidade administrativa resulta de ação ou omissão, praticado no desempenho de cargo ou função capaz de configurar, à luz da legislação própria, transgressão disciplinar. É a responsabilidade que deriva da violação dos deveres funcionais e enseja a aplicação das penalidades administrativas. É apurada mediante processo disciplinar.

No tocante aos policiais militares da Bahia, as transgressões disciplinares estão tipificadas no art. 51 da Lei Estadual n. 7.990/2001 – Estatuto dos Policiais Militares. Tal enumeração é *numerus clausus*, ou seja, um ato só poderá ser considerado transgressão disciplinar se estiver expressamente enquadrado nos tipos previstos na referida norma.

Desta forma, por exemplo, se um policial militar, ao conduzir uma viatura em alta velocidade (imprudência), abandonando serviço para o qual foi designado, vier a se envolver em um acidente de trânsito, e ao mesmo tempo atingir um transeunte, irá responder civilmente pelo prejuízo decorrente do conserto da viatura e pelos danos causados ao pedestre; deverá responder processo penal pelas lesões corporais causadas à vítima, e será responsabilizado administrativamente pela prática de transgressão disciplinar.

Vale frisar que a punição administrativa só será legal se, no curso da apuração da responsabilidade administrativa, for assegurado ao acusado o direito pleno à ampla defesa e contraditório, bem como à assistência de um defensor técnico (advogado), pois, nos termos do art. 74

da Lei n. 7.990/2001, a defesa do acusado será promovida por advogado por ele constituído ou por defensor público ou dativo.

Com isso não se quer retirar da Administração o direito de punir o policial faltoso. O que se pretende assegurar é o direito pleno à ampla defesa e contraditório. Se, após a conclusão do processo apuratório, ficar efetivamente provado a prática de transgressão disciplinar, aí, sim, a sanção aplicada será legal. O que não se pode admitir é a aplicação de punição sumária, bem como apuração disciplinar sem o respeito ao devido processo legal.

Posta tais premissas, cabe, então, abordar a nova modalidade de sanção disciplinar introduzida no Estatuto dos Policiais Militares (inciso IV no art. 52) pela Lei n. 11.356/2009: **a cassação de proventos de inatividade**. Assim, também foi introduzido o parágrafo único no art. 57 da Lei n. 7.990/2001, com a seguinte redação:

> Aos policiais da reserva remunerada e reformados incursos em infrações disciplinares para qual esteja prevista a pena de demissão nos termos deste artigo e do artigo 53 será aplicada a penalidade de cassação de proventos de inatividade, respeitado, no caso dos Oficiais, o disposto no art. 189 deste Estatuto.[29]

A cassação de proventos cuida-se de penalidade por falta gravíssima praticada pelo servidor quando ainda em atividade. Vale frisar que, em virtude do princípio *tempus regit actum* (o tempo rege o ato), norma de Direito Intertemporal, os fatos são regidos pela lei da época em que ocorreram. Logo, a cassação de proventos não se aplica àqueles que já estavam inativos em 1º de janeiro de 2009, data em que entrou em vigor a Lei n. 11.356/2009, mas deve ser aplicada aos policiais militares que foram transferidos para a reserva remunerada ou foram reformados a partir dessa data.

Essa nova penalidade também gerou certa polêmica entre os policiais militares. Os que são contra a cassação de proventos defendem que o sustento da família do policial punido deve ser protegido, ou que os proventos constituem como um direito adquirido do servidor que contribuiu durante anos de serviço, ou ainda, que essa penalidade ofende o princípio da isonomia, porquanto para outras categorias profissionais não há a previsão dessa punição.

Nenhum desses argumentos, contudo, são suficientes para retirar a legitimidade ou a legalidade do instituto em tela, pois, se a falta cometida pelo servidor em atividade fosse suscetível, por exemplo, de pena de demissão, ele não faria jus à aposentadoria, de modo que, tendo cometido a falta e obtido a aposentadoria, deve esta ser cassada. Trata-se, por conseguinte, de penalidade funcional, ainda que aplicada a servidor inativo.

---

[29] Art. 53. Na aplicação das penalidades, serão consideradas a natureza e a gravidade da infração cometida, os antecedentes funcionais, os danos que dela provierem para o serviço público e as circunstâncias agravantes e atenuantes.

Art. 189. O Oficial só perderá o posto e a patente se for declarado indigno para a permanência na Polícia Militar ou tiver conduta com ela incompatível, por decisão do Tribunal de Justiça do Estado da Bahia, em decorrência de julgamento a que for submetido.

Veja-se o que ensina a mais abalizada doutrina do mestre José dos Santos Carvalho Filho sobre o tema:

> **Registre-se, por oportuno, que não há direito adquirido do ex-servidor ao benefício da aposentadoria, se tiver dado ensejo, enquanto em atividade, à pena de demissão. Por isso, inteiramente cabível a cassação de aposentadoria.** Na verdade, até mesmo a aposentadoria compulsória de magistrado, que tem natureza punitiva, está sujeita à cassação se decisão superveniente a decretar em razão da condenação à perda do cargo (assim decidiu o STJ, no RMS 18.763-RJ, 5ª Turma, Rel. Min. LAURITA VAZ, julg. em 6.12.2005 – vide Informativo STJ nº. 269, dez./2005). **Semelhante solução tende a evitar que a aposentadoria (que – devemos lembrar – enseja remuneração) sirva como escudo para escamotear infrações gravíssimas cometidas pelo ex-servidor anteriormente, sem que se lhe aplique a necessária e justa punição.** (Grifos nossos)

Registre-se, ainda, que há a previsão dessa sanção disciplinar em outras categorias profissionais, como por exemplo, no art. 134 da Lei n. 8.112/1990 (que dispõe sobre o regime jurídico dos servidores públicos civis da União, das autarquias e das fundações públicas federais). Do mesmo modo, ocorre com empregado que, demitido por justa causa, perde inúmeros direitos trabalhistas que, certamente, também iriam auxiliar o sustento da família.

Ademais, ainda que não houvesse previsão da cassação de proventos para nenhuma outra categoria profissional, ainda assim, tal argumento não seria suficiente para retirar a legitimidade de tal medida, afinal "um erro não justifica o outro", e em um país marcado pela falta de punição não pode a transferência para a inatividade carimbar o passaporte para a impunidade, ainda mais em uma instituição como a Polícia Militar em que atos ilícitos são incompatíveis com a própria essência da Corporação.

Imagine a hipótese em que um policial militar comete, no serviço ativo, crime de homicídio qualificado e é condenado mediante sentença judicial irrecorrível pala prática de tal ato. Assim, se esse policial estiver na ativa ainda poderá ser punido na esfera administrativa com a pena de demissão e, por efeito, não terá direito à percepção de proventos.

Todavia, se o referido policial, na mesma hipótese fática, já estiver na reserva remunerada da Corporação, antes da Lei n. 11.356/2009, não iria sofrer nenhuma punição administrativa, e continuaria a receber seus proventos de inatividade.

Tal situação, sim, configura-se como manifesta violação ao princípio da isonomia, onde, pela mesma conduta, servidores ativos teriam uma punição mais severa do que aqueles inativos, que, pelo menos na via administrativa, permaneceriam impunes.

Para que a sociedade evolua não deve ser dada brecha à impunidade, infratores devem ser punidos, independente de raça, crença, idade, condição social, profissão ou status funcional. Portanto, não só correta a inclusão da cassação de proventos no rol de sanções disciplinares do Estatuto dos Policiais Militares, como necessária tal medida, de modo a inibir a prática de transgressões disciplinares, moralizando ainda mais a Corporação.

CONCLUSÃO

Pelo exposto, cabe ressaltar a importância da Lei n. 11.356/2009 que trouxe melhorias, ainda que tímidas, à remuneração do policial militar, incluindo no Estatuto dos Policiais Militares da Bahia novos benefícios; da mesma forma, com a ampliação das graduações irá imprimir maior dinamismo funcional entre os Praças, que não irão mais esperar décadas para obterem uma promoção; assim como, ao inserir nova modalidade de sanção disciplinar, moraliza a segurança pública no Estado, servindo de referência para que outras categorias adotem a mesma postura visando coibir a impunidade no País.

Por fim, destaque-se que os policiais militares ainda precisam de vários outros benefícios que valorizem e confiram maior dignidade à profissão, que possui relevantíssimo papel social, não sendo a Lei n. 11.356/2009 suficiente para realizar todas as alterações necessárias, mas é sempre bom lembrar que as mudanças sociais ocorrem de forma paulatina e gradual, razão pela qual pode-se concluir que a mencionada Lei trouxe um saldo positivo para os policiais militares e, por efeito, a toda sociedade baiana.

Bibliografia
- Constituição da República Federativa do Brasil
- Constituição do Estado da Bahia
- Lei Estadual nº 11.356/09
- Lei Estadual nº 7.990/01
- Lei Estadual nº 7.145/97
- Lei Estadual nº 6.932/96
- Lei Estadual nº 7.023/97
- Lei nº 8.112/90
- Decreto nº 5.601/96
- Decreto nº 6.749/97
- Decreto nº 8.095/02
- SILVA, José Afonso da. *Curso de Direito Constitucional Positivo*, 24ª ed., Malheiros, São Paulo:2005.
- FILHO, José dos Santos Carvalho. *Manual de Direito Administrativo*, 20ª ed., Lumen Juris, Rio de Janeiro: 2008.
- DI PIETRO, Maria Sylvia Zanella. *Direito Administrativo*, 15ª ed., Atlas, São Paulo: 2003.
- JÚNIOR, Dirley da Cunha. *Curso de Direito Administrativo*, 4ª ed., Jus Podivm, Salvador: 2006.
- JÚNIOR, Waldo Fazzio. *Fundamentos de Direito Administrativo*, 3ª ed., Atlas, São Paulo: 2003.
- MORAES, Alexandre de. *Direito Constitucional*, 13ª ed., Atlas, São Paulo: 2003.
- ROSA, Márcio Fernando Elias. *Sinopses Jurídicas, Direito Administrativo*, 7ª ed., Saraiva, São Paulo: 2005.
- Temas Jurídicos Aplicáveis ao Policial Militar – A Revolução Cultural na Polícia.

4) 20 ANOS DO CDC. PRINCIPAIS DIREITOS E GARANTIAS DO CONSUMIDOR

*Daniela Hohlenwerger**

INTRODUÇÃO

A proteção ao consumidor já havia sido tratada na Constituição de 1934, mesmo que de forma indireta e superficial. Assim, a Constituição Federal de 1988 não inovou quando tratou do tema. Observe-se como dispõe o texto constitucional de 1988:

> Art. 170. A ordem econômica, fundada na valorização do trabalho humano e na livre iniciativa, tem por fim assegurar a todos existência digna, conforme os ditames da justiça social, observados os seguintes princípios:
> [...]
> V – defesa do consumidor;

A preocupação do Constituinte não se restringiu a constitucionalização da proteção do consumidor nas relações de consumo, foi maior, tanto que no art. 48, do Ato das Disposições Constitucionais Transitórias concedeu ao legislador ordinário prazo de 120 dias para a elaboração do código de defesa do consumidor. O prazo não foi cumprido, mas em menos de dois anos foi publicada a Lei n. 8.078, de 11 de setembro de 1990, que dispõe sobre a proteção do consumidor, representando, desde que entrou em vigor, um avanço da legislação e da sociedade integralmente considerada para o enfrentamento do desequilíbrio na relação travada entre consumidores e fornecedores.

Tais normas são cogentes, de ordem pública e de interesse social, não comportando renúncia. Assim o são por considerarem os consumidores como vulneráveis e hipossuficientes, dependentes, pois, de proteção legal e do Estado.

Com o propósito de conferir aos consumidores uma garantia contra eventuais abusos advindos do poderio econômico e do próprio mercado, bem como equilibrar a relação fornecedor x consumidor, a lei trouxe elencado em seu bojo diversos direitos e garantias para este último, sobre os quais se passará a fazer uma breve análise.

PRINCÍPIOS CONSUMERISTAS

No que pertine aos princípios informadores do Código de Defesa do Consumidor – CDC, este diploma consagrou a dignidade da pessoa humana, conferindo ao consumidor a garantia fundamental a um mínimo, como direito à saúde, à segurança, à transparência, dentre outros inseridos no Texto Constitucional a exemplo do direito à educação, o trabalho, à infância, ao meio ambiente ecologicamente equilibrado, sem a qual não se poderia falar em dignidade.

---

* *Advogada, especialista em Direito Processual Civil e trabalhou como Conciliadora dos Juizados Especiais Cíveis de Defesa do Consumidor até dezembro de 2009*

São, pois, princípios do CDC a boa fé objetiva, a reparação objetiva, solidária e integral, a informação, a vulnerabilidade, a transparência, a segurança, o equilíbrio nas prestações, a interpretação mais favorável ao consumidor, o adimplemento substancial, a conservação do contrato, a modificação das prestações desproporcionais, a equidade, a harmonia nas relações de consumo e o acesso à justiça.

Muitos desses princípios correspondem aos direitos do consumidor propriamente, pelo que serão abordados a seguir.

DIREITOS DO CONSUMIDOR

O CDC é um microssistema, que regula a relação de consumo, trazendo normas de proteção e defesa do consumidor, de índole de ordem pública e interesse social, portanto, indisponíveis e inafastáveis, derrogando-se a liberdade contratual.

Certo é que, apesar de muitas das normas serem autoexplicativas, haja vista serem de fácil compreensão, por sua linguagem direta e de linear intelecção, de forma concisa, será abordado cada um desses direitos tipificados no retro mencionado texto de lei, ainda que de forma sucinta.

Já no art. 4º do CDC, observa-se o objetivo precípuo de uma Política Nacional de Relações de Consumo: o atendimento das necessidades dos consumidores, o respeito à sua dignidade, saúde e segurança, a proteção de seus interesses econômicos, a melhoria de sua qualidade de vida e a transparência e harmonia das relações de consumo.

Para tanto, importa a observância de princípios, como a vulnerabilidade do consumidor no mercado de consumo, a ação governamental protegendo-o efetivamente, a presença do estado nessas relações consumeristas, a garantia de produtos e serviços com padrões adequados de qualidade, segurança, durabilidade e desempenho, harmonização dos interesses dos participantes das relações de consumo e sua proteção em face da necessidade de desenvolvimento econômico e tecnológico, sempre fundado na boa-fé e equilíbrio nas relações entre fornecedores e consumidores.

DA PROTEÇÃO DA VIDA, SAÚDE E SEGURANÇA (art. 4º, *caput* e art. 6º, I)

> I – a proteção da vida, saúde e segurança contra os riscos provocados por práticas no fornecimento de produtos e serviços considerados perigosos ou nocivos;

Esta proteção encontra respaldo nos arts. 8º a 10[30], CDC.

---

[30] Art. 8° Os produtos e serviços colocados no mercado de consumo não acarretarão riscos à saúde ou segurança dos consumidores, exceto os considerados normais e previsíveis em decorrência de sua natureza e fruição, obrigando-se os fornecedores, em qualquer hipótese, a dar as informações necessárias e adequadas a seu respeito. Parágrafo único. Em se tratando de produto industrial, ao fabricante cabe prestar as informações a que se refere este artigo, através de impressos apropriados que devam acompanhar o produto.
Art. 9° O fornecedor de produtos e serviços potencialmente nocivos ou perigosos à saúde ou segurança deverá informar, de maneira ostensiva e adequada, a respeito da sua nocividade ou periculosidade, sem prejuízo da adoção de outras medidas cabíveis em cada caso concreto.
Art. 10. O fornecedor não poderá colocar no mercado de consumo produto ou serviço que sabe ou deveria saber apresentar alto grau de nocividade ou periculosidade à saúde ou segurança. § 1° O fornecedor de produtos e serviços que, posteriormente à sua introdução no mercado de consumo, tiver conhecimento da periculosidade que apresentem, deverá

Os riscos de que tratam tais artigos serão considerados normais e previsíveis a ponto de autorizar a colocação no mercado de consumo de produtos e serviços quando fundados por máximas de experiência, adquiridos através do senso comum.

A despeito disso, tem o fornecedor o dever de informar adequadamente o consumidor, inclusive acerca daqueles riscos que não são normais e previsíveis, e que sejam capazes de causar lesões aos consumidores. Os anúncios publicitários informando sobre a periculosidade dos produtos e serviços serão veiculados na imprensa, rádio e televisão, às expensas do fornecedor.

Os entes federados (União, Estados, Distrito Federal e Municípios) também possuem o dever de informar aos consumidores sobre a periculosidade de produtos e serviços sempre que tiverem conhecimento desses riscos, já que o Estado não só deve estar presente no mercado de consumo como deve agir para proteger efetivamente o consumidor.

Como o art. 9º, do CDC admite a produção e a comercialização de produtos potencialmente nocivos e perigosos, a exemplo, da faca de cozinha, e o art. 10, do CDC veda a colocação no mercado de consumo de produto ou serviço com alto grau de nocividade ou periculosidade, numa aparente contradição, deve a situação ser apurada no caso concreto, inclusive numa demonstração de que uma coisa é ser potencialmente nociva ou perigosa outra é ter alto grau de nocividade ou periculosidade.

O fato do fornecedor do produto ou do serviço saber (dolo) ou dever saber (culpa) do alto grau de nocividade ou periculosidade não elide a sua responsabilidade civil objetiva em face do consumidor, bem como esse comportamento pode configurar ilícito penal (art. 64, CDC[31].

O § 1º, do art. 10, do CDC trata do *recall*, que é um dever pós-contratual do fornecedor de produtos e serviços. Trata-se de medida imposta ao fornecedor a fim de que este impeça ou procure impedir, ainda que tardiamente, que o consumidor sofra algum dano ou perda em função de vício que o produto ou o serviço tenham apresentado após a sua comercialização.

Para efetuar o *recall*, o fornecedor deve utilizar-se de todos os meios de comunicação disponíveis e cujas despesas correrão por sua conta. Ele continuará, inclusive, responsável por eventuais acidentes de consumo causados pelo vício não sanado (arts. 12 a 14, CDC) ainda que o consumidor não seja encontrado ou não tenha respondido ao chamado do *recall*, situação essa que, de acordo com o entendimento do STJ não caracteriza culpa concorrente do consumidor. Entretanto, este tribunal entende que, em não tendo atendido ao chamado do *recall*, não pode pretender o consumidor o pagamento de indenização por danos morais.

---

comunicar o fato imediatamente às autoridades competentes e aos consumidores, mediante anúncios publicitários. § 2º Os anúncios publicitários a que se refere o parágrafo anterior serão veiculados na imprensa, rádio e televisão, às expensas do fornecedor do produto ou serviço. § 3º Sempre que tiverem conhecimento de periculosidade de produtos ou serviços à saúde ou segurança dos consumidores, a União, os Estados, o Distrito Federal e os Municípios deverão informá-los a respeito.

[31] Art. 64. Deixar de comunicar à autoridade competente e aos consumidores a nocividade ou periculosidade de produtos cujo conhecimento seja posterior à sua colocação no mercado: Pena - Detenção de seis meses a dois anos e multa. Parágrafo único. Incorrerá nas mesmas penas quem deixar de retirar do mercado, imediatamente quando determinado pela autoridade competente, os produtos nocivos ou perigosos, na forma deste artigo.

DIREITO À INFORMAÇÃO. OFERTA. VEDAÇÃO DA PUBLICIDADE ENGANOSA E ABUSIVA. (art. 4º, *caput*, art. 6º, II, III e IV, art. 30 a 38)

> II – a educação e divulgação sobre o consumo adequado dos produtos e serviços, asseguradas a liberdade de escolha e a igualdade nas contratações;
> III – a informação adequada e clara sobre os diferentes produtos e serviços, com especificação correta de quantidade, características, composição, qualidade e preço, bem como sobre os riscos que apresentem;
> IV – a proteção contra a publicidade enganosa e abusiva, métodos comerciais coercitivos ou desleais, bem como contra práticas e cláusulas abusivas ou impostas no fornecimento de produtos e serviços;

A **oferta** encontra-se regulada nos arts. 30 a 35, CDC.

Trata-se de um veículo que transmite uma mensagem, que inclui informação e publicidade, tendo como emissor o fornecedor e receptor o consumidor. Pode ser veiculada por toda e qualquer forma ou meio de comunicação, *v.g*, *outdoor*, *telemarketing* etc, mas deve ser suficientemente precisa.

A oferta integra o contrato, na medida em que obriga o fornecedor que a fizer veicular ou dela se utilizar a cumpri-la, pois gera para o consumidor um direito potestativo de assim se comportar, ou seja, de exigir o cumprimento forçado da oferta nos moldes em que foi feita.

Já entendeu o STJ que, quando fornecedor faz constar da oferta ou mensagem publicitária a notável pontualidade e eficiência de seus serviços de entrega, assume os eventuais riscos de sua atividade, inclusive o risco de atraso aéreo. Portanto, verifica-se que o fornecedor fica vinculado à oferta que veicular, assumindo responsabilidade pelo seu não cumprimento ou cumprimento incompleto.

O erro na veiculação da oferta, capaz de eximir esta vinculação, somente pode ser invocado se ficar patente que este erro é grosseiro, falho, como pode ocorrer num anúncio que pretende ofertar uma TV por R$ 5.000,00 e acaba colocando o valor de R$ 5,00. Do contrário, não há como se pretender afastar a vinculação da oferta ao contrato.

O fornecedor do produto ou serviço é solidaria e objetivamente responsável pelos atos de seus prepostos ou representantes autônomos; em havendo erro ou qualquer outro vício de vontade por partes destes, quando da oferta, vale a vinculação em face do consumidor (*res inter alios*), e cabe ação regressiva do fornecedor contra aquele que cometeu o erro.

A oferta e a apresentação dos produtos e serviços devem assegurar informações corretas, claras, precisas, ostensivas e em língua portuguesa[32] sobre todos os seus aspectos e riscos que apresentem. Nos produtos refrigerados, essas informações devem vir gravadas de forma indelével. O descumprimento destas disposições do art. 31, CDC, configura infração penal, nos moldes do art. 66, CDC[33].

---

[32] Admite-se o vocábulo alienígena desde que incorporado à linguagem comum e possa ser entendido pelo consumidor, a exemplo de *cheeseburger*, *leasing*, etc.
[33] Art. 66. Fazer afirmação falsa ou enganosa, ou omitir informação relevante sobre a natureza, característica, qualidade,

Os exageros contidos em ofertas, mais comumente conhecidos pela expressão *puffing*, a princípio, não obrigam os fornecedores, justamente por lhes faltar as características da precisão. Por exemplo, se a oferta diz "o melhor carro do mundo", é óbvio que se trata de um exagero para atrair as vendas, mas não há como se exigir do fornecedor a vinculação. Entretanto, é preciso que se diga que este exagero não pode ser suficiente para ludibriar o consumidor nem retirar-lhe o direito de escolha.

Dispõe a lei que os fabricantes e importadores deverão assegurar a oferta de componentes e peças de reposição enquanto não cessar a fabricação ou importação do produto (art. 32, CDC). Cessadas a produção ou importação, a oferta deverá ser mantida por período razoável de tempo, que não pode ser inferior ao tempo de vida útil do produto ou serviço. Trata-se da responsabilidade pós-contratual do <u>fabricante e do importador</u>.

A oferta ou venda por telefone ou reembolso postal (também pela internet, mala direta etc.), deve fazer constar o nome do fabricante e endereço na embalagem, publicidade e em todos os impressos utilizados na transação comercial, de modo a dar ciência ao consumidor de quem a fez e de quem cobrar em vindo a ser prejudicado.

Se a publicidade de bens e serviços se der por telefone, quando a chamada for onerosa ao consumidor que a origina, ela é vedada pelo art. 33, do CDC. O sistema pretendeu, assim, acabar com uma prática comum: o consumidor ligava para as empresas para tratar de assuntos de seus interesses e eram bombardeados com o oferecimento de produtos e serviços, de modo que esta ligação ficava muito custosa para o consumidor que a originava.

Dessa transação feita fora do estabelecimento comercial, o art. 49 do mesmo diploma estabelece o direito de arrependimento do consumidor, no prazo de reflexão de 7 dias, contados da assinatura do contrato <u>ou</u> do ato de recebimento do produto ou serviço. Por óbvio, todo o valor que tenha sido pago durante esse período de reflexão deverá ser imediatamente devolvido ao consumidor, monetariamente atualizado. É bom que se diga que, por uma questão de cautela, o consumidor deverá deixar expressamente consignado, dentro deste prazo, que deseja exercer o direito de arrependimento.

Como já foi dito, a oferta vincula o fornecedor que a realizou, gerando para o consumidor um direito potestativo, ou seja, aquele que pode ser exercitado independente de contraprestação. Desta forma, havendo recusa no cumprimento à oferta, apresentação ou publicidade por parte do fornecedor, poderá o consumidor valer-se das seguintes alternativas: I – exigir o cumprimento forçado da obrigação, nos termos da oferta, apresentação ou publicidade, inclusive judicialmente, valendo-se do regramento do art. 84, CDC[34]; II – aceitar outro produto ou prestação de serviço equivalente; III –

---

quantidade, segurança, desempenho, durabilidade, preço ou garantia de produtos ou serviços: Pena - Detenção de três meses a um ano e multa. § 1º Incorrerá nas mesmas penas quem patrocinar a oferta. § 2º Se o crime é culposo; Pena Detenção de um a seis meses ou multa.

[34] Art. 84. Na ação que tenha por objeto o cumprimento da obrigação de fazer ou não fazer, o juiz concederá a tutela específica da obrigação ou determinará providências que assegurem o resultado prático equivalente ao do adimplemento. § 1º A conversão da obrigação em perdas e danos somente será admissível se por elas optar o autor ou se impossível a tutela específica ou a obtenção do resultado prático correspondente. § 2º A indenização por perdas e danos se fará sem prejuízo

rescindir o contrato, com direito à restituição de quantia eventualmente antecipada, monetariamente atualizada, e a perdas e danos (art. 35, do CDC).

Essas perdas e danos devem ser compreendidas como danos materiais (danos emergentes e lucros cessantes) e danos morais. O dano aqui decorre da negativa do cumprimento da oferta.

No que diz respeito à vedação de publicidade enganosa ou abusiva, tem-se as seguintes considerações.

A publicidade deve ser veiculada de tal forma que o consumidor, fácil e imediatamente, a identifique como tal (art. 36, *caput*, do CDC). Deverá, ainda, o fornecedor manter em seu poder, para informação dos legítimos interessados, os dados fáticos, técnicos e científicos que dão sustentação à mensagem (parágrafo único do art. 36, do CDC), pena de ser ele responsabilizado criminalmente, consoante infração tipificada no art. 69, do CDC[35].

É **enganosa** qualquer modalidade de informação ou comunicação de caráter publicitário, omissiva ou comissiva, inteira ou parcialmente falsa, capaz de induzir em erro o consumidor a respeito da natureza, das características, da qualidade, da quantidade, das propriedades, da origem, do preço e de quaisquer outros dados a respeito dos produtos e serviços oferecidos.

O anúncio é enganoso antes mesmo de atingir qualquer consumidor: basta que seja veiculado. Basta a mera potencialidade de engano, não necessitando de prova da enganosidade real.

A publicidade será enganosa por omissão quando deixar de informar sobre dado essencial do produto ou serviço. Dado essencial é aquela informação ou dado cuja ausência influencie o consumidor na sua decisão de comprar, bem como não gere um conhecimento adequado do uso e consumo do produto ou serviço.

O STJ já proferiu decisão reconhecendo essa prática no caso das tampinhas premiadas, cuja impressão tinha erro e retirava do consumidor o direito ao prêmio, consoante se depreende da leitura do RESP 327.257/SP:

> "Processual Civil. Civil. Recurso Especial. Prequestionamento. Publicidade enganosa por omissão. Aquisição de refrigerantes com tampinhas premiáveis. Defeitos de impressão. Informação não divulgada. Aplicação do Código de Defesa do Consumidor. Dissídio jurisprudencial. Comprovação. Omissão. Inexistência. Embargos de declaração. Responsabilidade solidária por publicidade enganosa. Reexame fático-probatório.
> - *O Recurso Especial carece do necessário prequestionamento quando o aresto recorrido não versa sobre a questão federal suscitada.*
> - *Há relação de consumo entre o adquirente de refrigerante cujas tampinhas contém impressões gráficas que dão direito a concorrer a prêmios e o fornecedor do produto. A*

---

da multa (art. 287, do Código de Processo Civil). § 3º Sendo relevante o fundamento da demanda e havendo justificado receio de ineficácia do provimento final, é lícito ao juiz conceder a tutela liminarmente ou após justificação prévia, citado o réu. § 4º O juiz poderá, na hipótese do § 3º ou na sentença, impor multa diária ao réu, independentemente de pedido do autor, se for suficiente ou compatível com a obrigação, fixando prazo razoável para o cumprimento do preceito. § 5º Para a tutela específica ou para a obtenção do resultado prático equivalente, poderá o juiz determinar as medidas necessárias, tais como busca e apreensão, remoção de coisas e pessoas, desfazimento de obra, impedimento de atividade nociva, além de requisição de força policial.

[35] Art. 69. Deixar de organizar dados fáticos, técnicos e científicos que dão base à publicidade: Pena Detenção de um a seis meses ou multa.

> *ausência de informação sobre a existência de tampinhas com defeito na impressão, capaz de retirar o direito ao prêmio, configura-se como publicidade enganosa por omissão, regida pelo Código de Defesa do Consumidor.*
> *- A comprovação do dissídio jurisprudencial exige o cotejo analítico entre os julgados tidos como divergentes e a similitude fática entre os casos confrontados.*
> *- Inexiste omissão a ser suprida por meio de embargos de declaração quando o órgão julgador pronuncia-se sobre toda a questão posta à desate, de maneira fundamentada.*
> *- É solidária a responsabilidade entre aqueles que veiculam publicidade enganosa e os que dela se aproveitam, na comercialização de seu produto.*
> *- É inviável o reexame fático-probatório em sede de Recurso Especial."*

Já decidiu o STJ que as agências de publicidade e os veículos de comunicação somente responderão a título de culpa e dolo, recaindo a responsabilidade da prova da veracidade e correção da informação sobre o fornecedor que patrocinou a campanha publicitária.

Observa-se que esta análise deve se dar em cada caso concreto, avaliando-se a conduta dessas agências e veículos de comunicação. Isto porque se o veículo entender a publicidade como enganosa, pode negar-se a anunciá-la, mas se a veicular sabendo ser, além da sanção cível e administrativa[36], comete crime tipificado no art. 67 do CDC: "Fazer ou promover publicidade que sabe ou deveria saber ser enganosa ou abusiva: Pena Detenção de três meses a um ano e multa."

Pode o Judiciário intervir nessa situação, impedindo a publicação e/ou transmissão do anúncio, inclusive condenando o fornecedor à contrapropaganda, prevista como penalidade administrativa no art. 56, XII e art. 60, ambos do CDC[37].

Para cumprir sua função, a contrapropaganda deve ser tal que possa desfazer o resultado da comunicação anteriormente realizada, anulando ou, ao menos, desmentindo o conteúdo enganoso vinculado.

Por isso que a lei exige que a contrapropaganda deva ser divulgada pelo responsável, sempre às suas expensas, da mesma forma, frequência e dimensão e, preferencialmente, no mesmo veículo, local, espaço e horário.

Considerando que a contrapropaganda é típica obrigação de fazer, deve o magistrado impô-la, mediante fixação de multa diária (*astreinte*) de seu descumprimento, com base no art. 84 e parágrafos do CDC, em montante suficiente a persuadir o infrator a cumprir a decisão.

A ideia da **abusividade** guarda relação com a doutrina do abuso do direito. Este pode ser definido como o resultado do excesso de exercício de um direito, capaz de causar dano a outrem. Na

---

[36] A publicidade enganosa sofre controle administrativo pelo CONAR e também pelos órgãos públicos que garantem a defesa do consumidor (arts. 55/60, CDC).
[37] Art. 56. As infrações das normas de defesa do consumidor ficam sujeitas, conforme o caso, às seguintes sanções administrativas, sem prejuízo das de natureza civil, penal e das definidas em normas específicas: XII - imposição de contrapropaganda.
Art. 60. A imposição de contrapropaganda será cominada quando o fornecedor incorrer na prática de publicidade enganosa ou abusiva, nos termos do art. 36 e seus parágrafos, sempre às expensas do infrator. § 1º A contrapropaganda será divulgada pelo responsável da mesma forma, freqüência e dimensão e, preferencialmente no mesmo veículo, local, espaço e horário, de forma capaz de desfazer o malefício da publicidade enganosa ou abusiva.

sistemática do CDC, a abusividade é suficiente para nulificar as disposições abusivas, já que a proibição de sua prática é absoluta. Logo, são nulas todas as cláusulas abusivas.

É abusiva a publicidade discriminatória de qualquer natureza, que incite à violência, explore o medo ou a superstição, se aproveite da deficiência de julgamento e experiência da criança, desrespeite valores ambientais ou que seja capaz de induzir o consumidor a se comportar de forma prejudicial ou perigosa a sua saúde ou segurança.

Aqui também não é necessário que ocorra um dano real ao consumidor: basta que haja perigo, a potencialidade do anúncio em causar um mal.

A abusividade pode constar de toda a publicidade ou apenas de parte dela, se a ambiguidade contida confunde o consumidor e se o exagero (*puffing*) induz e tira a liberdade de escolha do consumidor.

Os demais comentários feitos para publicidade enganosa se aplicam à publicidade abusiva, inclusive no que pertine à responsabilidade do fornecedor-anunciante, das agências e do veículo.

Veja-se o entendimento jurisprudencial colacionado abaixo sobre o tema, extraído do julgamento realizado no Tribunal de Justiça do Estado de Minas Gerais:

> Nos termos do Código de Defesa do Consumidor, o fornecedor responde pela propaganda levada ao público, cujos termos o vincula. Será objetiva a responsabilidade do fornecedor pelo defeito de serviço na relação de consumo. É devida a indenização por danos morais àquele que, em virtude de propaganda enganosa, foi ludibriado na celebração do contrato. Neste caso, o conteúdo da publicidade passa a integrar o contrato firmado com o consumidor. O valor a ser pago na indenização por dano moral deve ser fixado com razoabilidade e proporcionalidade. (TJMG, processo n. 1.0024.05.870359-6/001(1), Relator: MÁRCIA DE PAOLI BALBINO, Data do Julgamento: 09/02/2007, Data da Publicação: 08/03/2007).

Recapitulando, portanto, tem-se que é: a) **enganosa** qualquer modalidade de comunicação de caráter publicitário, inteira ou parcialmente falsa, ou capaz de induzir a erro o consumidor a respeito da natureza, das características, da qualidade, da quantidade, das propriedades e de quaisquer outros dados acerca dos produtos e dos serviços; b) **abusiva** aquela que fere a vulnerabilidade do consumidor, podendo até ser veraz (verdadeira), mas que, pelos seus elementos ou circunstâncias, ofendem valores básicos de toda a sociedade. É, por exemplo, abusiva a publicidade que induz a criança a se comportar de maneira desaconselhável à sua saúde e à sua segurança.

Há outras espécies de publicidade que são reguladas pelo CDC, mas que não perdem seu caráter enganoso e/ou abusivo.

A **publicidade clandestina**, entendida como aquela em que o consumidor não consegue identificá-la fácil e imediatamente (art. 36, CDC), é vedada, uma vez que a publicidade deve ser ostensiva, clara e passível de identificação imediata pelo consumidor.

Sobre o *merchandising*, que é a técnica utilizada para veicular produtos e serviços através de inserções em programas e filmes, somente pode ser considerado ofensivo à norma mencionada, ou seja, considerada propaganda clandestina, se sua realização for de forma indireta, porque se traduziria numa técnica de ocultação que não permite a avaliação crítica do consumidor.

Recomendam os doutrinadores que, para evitar danos e burla à legislação consumerista, é importante que conste antes da exibição do filme, programa ou novela, um aviso de que na programação que se seguirá, estará sendo usado o *merchandising*.

O princípio da identificação obrigatória da publicidade proíbe também a chamada **publicidade subliminar**, uma vez que atinge somente o inconsciente do indivíduo, fazendo com que este não perceba que está sendo induzido a compras. Proíbe-se, também, a publicidade **dissimulada**.

O *teaser*, ao contrário, apesar de ser uma técnica de inserção indireta, não é proibido, uma vez que o consumidor tem condições de perceber que se trata de uma publicidade. Ex: os frequentadores de estádio de futebol vêem cartazes de publicidade espalhados por toda a borda do campo de futebol, mas têm condições de perceber que se trata de uma publicidade, do mesmo modo que uma mensagem do tipo "Aí vem a festa mais esperada do ano!" dá ao consumidor a ideia de que se trata da publicidade do filme.

No mesmo sentido, a **publicidade comparativa** não é vedada, entretanto, é preciso observar as regras do CDC e as normas regulamentares da publicidade, dentre elas: A finalidade da comparação deve ser o esclarecimento e/ou defesa do consumidor; a comparação deve ser feita de forma objetiva e passível de ser comprovada; os modelos comparados devem ter a mesma idade e tempo de fabricação; não se pode estabelecer confusão entre produtos, serviços e marcas concorrentes; não se pode caracterizar concorrência desleal nem denegrir a imagem do produto, serviço ou marca concorrente etc.

No tocante ao ônus da prova, em matéria de publicidade, não prevalece a regra geral do art. 6º, VIII, do CDC.

O legislador optou por estabelecer que é do fornecedor-anunciante o ônus da prova da veracidade e correção da informação e/ou comunicação publicitária, consoante previsão do art. 38: "O ônus da prova da veracidade e correção da informação ou comunicação publicitária cabe a quem as patrocina".

Portanto, o desrespeito ao dever de bem informar, caracterizada pela publicidade enganosa ou abusiva, "pode acarretar a responsabilidade pelo ressarcimento de eventuais danos aos consumidores"[38].

DESCONSIDERAÇÃO DA PERSONALIDADE JURÍDICA.

É de se ressaltar que o juiz poderá, em constatando abuso de direito, excesso de poder, infração da lei, fato ou ato ilícito ou violação dos estatutos ou contrato social, ou ainda, que a personalidade jurídica é obstáculo ao ressarcimento de prejuízos causados aos consumidores, desconsiderá-la,

---

[38] STJ, REsp. 92.395, Rel. Min. Eduardo Ribeiro, 3ª T., j. 05/02/98, DJ 06/04/98.

segundo teor do art. 28 do CDC, podendo, inclusive, ser aplicada de ofício e no próprio processo de execução.

O objetivo da lei foi garantir ao consumidor a reparação sempre que sofra danos praticados pela pessoa jurídica. Para tanto, a lei estabeleceu a responsabilidade das seguintes espécies de pessoa jurídica:

O grupo societário, que é composto de uma sociedade controladora e suas controladas, mediante convenção, pela qual se obrigam a combinar recursos ou esforços para a realização dos respectivos objetos, ou para participar de atividades ou empreendimentos comuns, conservando, entretanto, cada sociedade, personalidade e patrimônio distintos, terá responsabilidade subsidiária.

Já as sociedades consorciadas, que são aquelas que se agrupam para executar determinado empreendimento (sob o mesmo controle ou não), respondem solidariamente.

E as sociedades coligadas, que são as que se associam a outras sem exercer o controle acionário (quando uma participa, com 10% ou mais, do capital da outra, sem controlá-la), tiveram sua responsabilidade objetiva excepcionada pela lei, que lhes atribuiu responsabilidade subjetiva nos danos causados aos consumidores, já que há falta de controle nas deliberações das decisões de uma sobre a outra.

REVISÃO DO CONTRATO. ONEROSIDADE EXCESSIVA PARA O CONSUMIDOR.

> V – a modificação das cláusulas contratuais que estabeleçam prestações desproporcionais ou sua revisão em razão de fatos supervenientes que as tornem excessivamente onerosas;

Já o direito à modificação e a revisão de cláusulas contratuais, ampara-se no princípio da conservação, explicitamente tratado no § 2º do art. 51 do CDC, bem como encontra supedâneo nos princípios da boa fé e do equilíbrio, da vulnerabilidade do consumidor de modo a garantir ao consumidor a modificação de cláusulas que estabeleçam obrigações desproporcionais, assim como a revisão destas em ocorrendo fatos supervenientes que as tornem excessivamente onerosas.

O exercício desse direito de revisão é sempre facilitado, desde que tenha havido posterior alteração substancial que torne o contrato excessivo para o consumidor, sobretudo quando se leva em consideração que estes contratos são, de regra, de adesão, não dando ensejo a qualquer discussão ou alteração de seus termos por parte do consumidor quando da sua assinatura.

Assim, "é admitida a revisão das taxas de juros remuneratórios em situações excepcionais, desde que caracterizada a relação de consumo e que a abusividade (capaz de colocar o consumidor em desvantagem exagerada – art. 51, § 1º, do CDC) fique cabalmente demonstrada, ante às peculiaridades do julgamento em concreto"[39].

Importa ressaltar outro julgamento proferido pelo STJ, que decidiu que:

---

[39] STJ, REsp. 1.061.530, Rel. Min. Nancy Andrighi, j. 22/10/08, DJ 10/03/09.

> Com relação à revisão das cláusulas contratuais, a legislação consumerista, aplicável à espécie, permite que, ao se cumprir a prestação jurisdicional em Ação Revisional de contrato bancário, manifeste-se o magistrado acerca da existência de eventuais cláusulas abusivas, o que acaba por relativizar o princípio do *pacta sunt servanda*. Assim, consoante reiterada jurisprudência desta Corte, admite-se a revisão de todos os contratos firmados com instituição financeira, desde a origem, ainda que se trate de renegociação. Precedentes. (STJ, AgRg no REsp 732.719, Rel. Min. Jorge Scartezzini, 4ª T., j. 20/04/06, DJ 15/05/06).

Portanto, tem-se que é sempre possível a revisão e a modificação de cláusulas contratuais que, por ocasião de fatos supervenientes, se tornem excessivamente onerosas, desde que fique cabalmente comprovada, e cuja solução deverá atentar para as particularidades do caso concreto.

Neste particular, impõe-se fazer uma análise que tem sido fruto da observação do que tem acontecido na prática.

Muitos consumidores já contratam com o intuito de ingressar com ação revisional, a fim de obter provimento jurisdicional no sentido de reduzir os encargos contratuais e as parcelas do financiamento.

Assim, se por um lado existem argumentos no sentido de que tal postura não seria inadequada, haja vista que, como na maioria dos casos trata-se de contratos de adesão e, por isso, sem chance de discussão prévia acerca das cláusulas contratuais, o fato é que, em grande quantidade de casos, é possível vislumbrar a má-fé do consumidor/contratante que assim age.

Tal postura, premeditada, diga-se, põe em risco, sem qualquer margem de dúvidas, a segurança jurídica, por implicar ofensa à autonomia da vontade privada e da livre-iniciativa e o princípio da força obrigatória do contrato, ou seja, do *pacta sunt servanda*, que nas relações de consumo são mitigadas apenas.

Por óbvio que os contratos devem ser celebrados em conformidade com a sua função social, sobretudo nas relações de consumo, o que inclusive vem mitigando tais princípios, mas a boa-fé objetiva das partes também deve ser observada à luz do caso concreto e tomando por base, sobretudo, os princípios constitucionais da razoabilidade e proporcionalidade.

Não seria razoável, por exemplo, admitir que uma pessoa que celebrou contrato de financiamento em largas parcelas de valor fixo, já sabendo no ato da assinatura da avença, tendo efetuado o pagamento apenas de uma ou poucas parcelas ingresse com ação revisional discutindo os juros aplicados no financiamento. Até mesmo porque, conforme posição majoritária na jurisprudência do STJ é admitida a revisão das taxas de juros remuneratórios em situações excepcionais, e desde que comprovada a abusividade, capaz de colocar o consumidor em exagerada desvantagem, sempre à luz do caso concreto.

Portanto, entende-se que nesses casos, em que o Magistrado perceba a tentativa de manipulação da situação fática e jurídica por parte do consumidor, deverá lançar mão do instrumento previsto nos arts. 16 a 18 do CPC, qual seja, a litigância de má-fé.

DANOS MATERIAIS E MORAIS DO CONSUMIDOR. RESPONSABILIDADE CIVIL. FATO DO PRODUTO E DO SERVIÇO. VÍCIO DO PRODUTO E DO SERVIÇO.

> VI – a efetiva prevenção e reparação de danos patrimoniais e morais, individuais, coletivos e difusos;
> VII – o acesso aos órgãos judiciários e administrativos com vistas à prevenção ou reparação de danos patrimoniais e morais, individuais, coletivos ou difusos, assegurada a proteção Jurídica, administrativa e técnica aos necessitados;
> X – a adequada e eficaz prestação dos serviços públicos em geral.

Em linhas gerais, o direito à efetiva prevenção e reparação de danos patrimoniais e morais, individuais, coletivos e difusos garante que todos aqueles que sofram danos, materiais ou morais, possam obter provimento jurisdicional no sentido de recompor tais perdas.

A reparação deverá ser integral e a responsabilidade do fornecedor é, de regra, solidária e objetiva. Solidária porque todos os responsáveis serão condenados e responsabilizados da mesma forma, e objetiva porque não se analisará se o agente lesionador agiu com culpa, mas será perquirido, apenas, se houve conduta lesiva, dano e nexo de causalidade.

A reparação pelo dano causado funda-se na regra do art. 5º, inciso X, da Constituição Federal, segundo a qual "são invioláveis a intimidade, a vida privada, a honra e a imagem das pessoas, assegurado o direito a indenização pelo dano material ou moral decorrente de sua violação", perfeitamente cumuláveis consoante entendimento sumulado pelo Superior Tribunal de Justiça[40].

Deste modo, a ofensa a qualquer uma destas garantias constitucionais ensejará a proporcional indenização, suficiente para reparar o dano causado.

O dano patrimonial deverá pautar-se no valor efetivo da materialidade do dano, incluindo os lucros cessantes e danos emergentes.

Já o dano moral é aquele capaz de afetar a paz interior, atingindo a honra, o decoro, o ego, o psicológico e tudo o mais que não possua valor econômico, mas suficiente para causar sofrimento e dor; por faltar-lhe caráter objetivo em sua aferição, enseja discussões doutrinárias e jurisprudenciais quanto à sua quantificação.

Não há qualquer controvérsia na jurisprudência acerca desta garantia fundamental, sobretudo porque trazida pelo próprio constituinte, apenas no que toca ao valor da indenização que, de acordo com o entendimento jurisprudencial e doutrinário, deverá atentar para as particularidades do caso concreto, sem olvidar de cumprir com seu objetivo, vedando-se seu tarifamento.

Deste modo, "segundo a melhor doutrina e a mais abalizada jurisprudência, com a reparação por dano moral não se pretende refazer o patrimônio, mas dar à pessoa lesada uma satisfação, que lhe é devida por uma situação constrangedora que vivenciou, buscando desestimular o ofensor à prática de

---

[40] Súmula n. 37, do STJ: "São cumuláveis as indenizações por dano material e dano moral oriundos do mesmo fato".

novos atos lesivos, do que se conclui que a indenização tem, portanto, um caráter repressivo e pedagógico"[41].

Mister a consciência de que "a reparação por dano moral deve alcançar valor tal, que sirva de exemplo para a parte ré, sendo ineficaz, para tal fim, o arbitramento de quantia excessivamente baixa ou simbólica, mas, por outro lado, nunca deve ser fonte de enriquecimento para o autor, servindo-lhe apenas como compensação pela dor sofrida"[42].

Os danos morais, portanto, devem ser fixados levando-se em consideração a sua extensão, os princípios da razoabilidade e proporcionalidade, assim como as condições pessoais do ofensor e do ofendido, sobretudo as condições econômico-financeiras, cuidando, pois, de seu caráter repressivo pedagógico.

A indenização pelos danos materiais, como já apontada, deverá ser suficiente para reparar integralmente o dano, incluindo os danos emergentes e os lucros cessantes, sem embargo da atualização monetária, juros, custas e honorários advocatícios.

Importa para o tema trazer a diferença entre fato do produto ou serviço e vício do produto ou serviço, já que o CDC os trata de forma diferenciada e a responsabilidade civil dos fornecedores também sofre certa diferenciação.

Nos ensinamentos de Rizzatto Nunes, são considerados vícios as características de qualidade e quantidade que tornem os produtos ou serviços impróprios ou inadequados ao consumo a que se destinam e também que lhes diminuam o valor. Defeito pressupõe vício. É o vício acrescido de um problema extrínseco ao produto ou serviço, que causa um dano maior que simplesmente o mau funcionamento ou o não funcionamento. O defeito causa, além desse dano do vício, outro(s) dano(s) ao patrimônio jurídico material e/ou moral e/ou estético e/ou à imagem do consumidor.

Portanto, o vício pertence ao próprio produto ou serviço, jamais atingindo a pessoa do consumidor ou outros bens seus. Já o defeito vai além do produto ou serviço para atingir o consumidor em seu patrimônio jurídico mais amplo (moral, estético, material ou da imagem). Por isso, somente se fala propriamente em acidente e, no caso, **acidente de consumo**, na hipótese de defeito, pois é aí que o consumidor é atingido.

A responsabilidade pelo **fato do produto** está regulada nos arts. 12 e 13 do CDC, e, como visto, trata-se de responsabilidade objetiva, cabendo ao consumidor, apenas, fazer a prova do dano e do nexo de causalidade entre este dano e o produto, com a indicação do responsável pela sua fabricação, podendo este ônus, inicialmente do consumidor, ser invertido (art. 6º, VIII, do CDC).

Demonstrado pelo consumidor o dano, o nexo de causalidade e apontado o responsável[43], somente cabe a este, como matéria de defesa, as excludentes de responsabilidade, que são taxativas: i)

---

[41] TJMG, Apelação Cível n. 1.0145.04.142794-2/001(1), Rel. Des. Mota e Silva, j. 26/10/06, DJ 29/11/06.
[42] TJMG, Apelação Cível n. 1.0024.99.009498-9/002(1), Rel. Des. Eduardo Mariné Da Cunha, j. 26/04/07, DJ 25/05/07.
[43] Que podem ser o fabricante, o produtor, o construtor, nacional ou estrangeiro, e o importador.

que não colocou o produto no mercado; ii) que, embora haja colocado o produto no mercado, o defeito inexiste; iii) a culpa exclusiva do consumidor ou de terceiro (inciso III, § 3º, art. 12, do CDC). O STJ tem admitido o fortuito externo[44] como causa excludente de responsabilidade, e a culpa concorrente da vítima como redução de condenação imposta ao fornecedor.

O comerciante (art. 13, do CDC) possui responsabilidade objetiva e subsidiária em relação aos agentes do art. 12, CDC (defeito do produto), segundo a doutrina majoritária e a maioria dos tribunais estaduais. Entretanto, o STJ tem se pronunciado no sentido de considerá-la solidária.

O parágrafo único do art. 13, que trata do direito de regresso daquele que pagou em relação aos demais agentes solidários, é norma autônoma e prescreve que toda e qualquer hipótese de pagamento de verba indenizatória ao consumidor, seja em função de defeito, ou em função de vício.

O art. 88, do CDC[45] é claro ao estabelecer que a ação de regresso disciplinada no parágrafo único do art. 13 poderá ser ajuizada em processo autônomo, mas se prosseguir nos mesmos autos, é vedada a denunciação à lide.

Atualmente, o STJ se biparte em relação ao tema denunciação da lide: a 3ª Turma entende que é cabível a denunciação apenas na hipótese de fato do serviço tratado no art. 14, CDC, e a 4ª turma continua entendendo pela vedação do instituto.

O **fato do serviço** está regulado no art. 14 do CDC. Aqui vale tudo que o já foi dito acerca do defeito do produto: da responsabilidade do agente, dos aspectos da solidariedade etc.

Neste caso, a responsabilidade do fornecedor é objetiva e solidária em relação a todos aqueles agentes que participam de alguma forma na prestação do serviço, na medida de sua participação, inclusive do comerciante. Logo, o comerciante (art. 13, do CDC) possui responsabilidade objetiva e solidária em relação aos agentes do art. 14, do CDC (fato do serviço).

Nos termos do art. 34, o fornecedor do produto ou do serviço é solidariamente responsável pelos atos de seus prepostos ou representantes autônomos. Segundo o STJ, para o reconhecimento do vínculo de preposição, não é preciso que exista um contrato típico de trabalho; é suficiente a relação de dependência ou prestação de serviço sob o interesse e o comando de outrem.

Portanto, no que pertine ao fato do produto, tem-se que a responsabilidade do responsável é objetiva e, em regra, solidária, entretanto, a maior parte da doutrina defende que o comerciante é responsável subsidiário. Já em relação ao fato do serviço, a responsabilidade será objetiva e solidária, salvo nas hipóteses do § 3º, art. 14, do CDC, bem como dos profissionais liberais, cuja responsabilidade é subjetiva.

A **responsabilidade pessoal dos profissionais liberais** está disciplinada no art. 14, § 4º, do CDC[46].

---

[44] É fato estranho à organização do negócio, não guardando nenhuma ligação com a atividade negocial do fornecedor, por isso exclui a responsabilidade do fornecedor do produto ou serviço. Ex: assalto no interior de ônibus coletivo.
[45] Art. 88. Na hipótese do art. 13, parágrafo único deste código, a ação de regresso poderá ser ajuizada em processo autônomo, facultada a possibilidade de prosseguir-se nos mesmos autos, vedada a denunciação da lide.

Sua responsabilidade civil é subjetiva, pois é necessária a apuração de sua culpa (ou dolo), já que, de regra, os profissionais liberais desempenham atividades-meio, cujo resultado não é possível ser garantido ao cliente.

Há, contudo, casos em que ele desempenha atividade-fim, pois o resultado não depende de outra circunstância a não ser a própria habilitação do profissional prestador do serviço. Nestes casos, quando se tratar de atividade-fim (obrigação de resultado), a responsabilidade do profissional liberal será objetiva, consoante entendimento do STJ.

Os **vícios dos produtos**, disciplinados nos arts. 18 e 19, do CDC[47], podem ser aparentes ou ocultos. Será aparente quando o vício for de fácil constatação, com o singelo uso e consumo (arts. 24 e 26, do CDC); o vício oculto é aquele que só aparece algum ou muito tempo depois do uso ou que não podem ser detectáveis quando da sua utilização ordinária.

Todos os partícipes do ciclo de produção são responsáveis diretos pelo vício do produto, seja de qualidade seja de quantidade, e o consumidor poderá optar em acionar qualquer dos envolvidos (**responsabilidade solidária**).

O vício de qualidade é aquele que torna o produto impróprio ou inadequado ao consumo a que se destina ou lhe diminua o valor, bem como resultante de disparidade com as indicações dadas pelo fornecedor. E será impróprio ao seu uso e consumo nos casos do § 6º[48], art. 18, CDC, em rol exemplificativo.

Nestes casos, poderá o consumidor pleitear o seu conserto no prazo máximo de 30 dias, prazo este que começa a contar da primeira reclamação e não se reconta sempre que o produto voltar com o mesmo problema, salvo se o vício for diferente.

Entretanto, o consumidor não é obrigado a aguardar o fim deste prazo de 30 dias para valer-se das alternativas mencionadas, bastando que, em razão da extensão do vício, a substituição das partes viciadas puder comprometer a qualidade ou características do produto, diminuir-lhes o valor ou se tratar de produto essencial (§ 3º, art. 18, do CDC[49]).

Não ocorrendo o conserto, poderá o consumidor, alternativamente e à sua escolha, exigir: i) a substituição do produto por outro da mesma espécie e em condições perfeitas de uso, ii) a restituição

---

[46] § 4º A responsabilidade pessoal dos profissionais liberais será apurada mediante a verificação de culpa.
[47] Art. 18. Os fornecedores de produtos de consumo duráveis ou não duráveis respondem solidariamente pelos vícios de qualidade ou quantidade que os tornem impróprios ou inadequados ao consumo a que se destinam ou lhes diminuam o valor, assim como por aqueles decorrentes da disparidade, com as indicações constantes do recipiente, da embalagem, rotulagem ou mensagem publicitária, respeitadas as variações decorrentes de sua natureza, podendo o consumidor exigir a substituição das partes viciadas.
[48] § 6º São impróprios ao uso e consumo: I - os produtos cujos prazos de validade estejam vencidos; II - os produtos deteriorados, alterados, adulterados, avariados, falsificados, corrompidos, fraudados, nocivos à vida ou à saúde, perigosos ou, ainda, aqueles em desacordo com as normas regulamentares de fabricação, distribuição ou apresentação; III - os produtos que, por qualquer motivo, se revelem inadequados ao fim a que se destinam.
[49] § 3º O consumidor poderá fazer uso imediato das alternativas do § 1º deste artigo sempre que, em razão da extensão do vício, a substituição das partes viciadas puder comprometer a qualidade ou características do produto, diminuir-lhe o valor ou se tratar de produto essencial.

imediata da quantia paga, atualizada monetariamente, sem prejuízo de eventuais perdas e danos e iii) o abatimento proporcional do preço.

Se o fornecedor não puder substituir o produto por outro da mesma espécie, marca ou modelo, seja porque motivo for, deverá fazê-lo por outro diverso, mediante pagamento pelo consumidor de eventual diferença de preço (§ 4º, art. 18, do CDC[50]).

Recusando-se o fornecedor a substituir o produto, cabe ação de obrigação de fazer, consoante hipótese do art. 84, do CDC[51], com a possibilidade de pedido de antecipação de tutela, bem como a utilização de medidas necessárias a efetivação do direito pretendido, como a imposição de multa diária.

As perdas e danos mencionados no inciso II, do § 1º, do art. 18, do CDC englobam os danos materiais (danos emergentes e lucros cessantes) e morais, em razão da ultrapassagem do prazo de 30 dias sem solução do vício. Para tanto, deve o consumidor demonstrar o dano, o nexo de causalidade entre este e a ausência ou incompletude do serviço que manteve o produto viciado, bem como a extinção desse prazo de 30 dias, indicando o fornecedor responsável.

O fornecedor, por sua vez, pode utilizar-se, em sua defesa, apenas de uma das alternativas do § 3º, do art. 14, do CDC: a prova de que o defeito (vício) do produto inexiste.

Já os vícios de quantidade estão regulados no art. 19, do CDC, em rol exemplificativo, e é considerada toda e qualquer entrega de produto em quantidade diversa (para menos) daquela paga pelo consumidor. Havendo conflito entre qualquer das fontes de informação de quantidade e preço em si, prevalecerá aquela que for mais favorável ao consumidor.

Diferentemente do vício de qualidade, em ocorrendo vício de quantidade, a lei não estabelece prazo para o fornecedor, podendo o consumidor utilizar-se das alternativas previstas nos incisos I a IV, do art. 19, do CDC, desde, é claro, que respeitados os prazos decadenciais do art. 26, CDC: 30 dias para produtos não duráveis e 90 dias para produtos duráveis.

Aqui vale as mesmas observações sobre as alternativas do art. 18, do CDC.

No tocante à defesa do fornecedor, pode o mesmo se valer daquelas previstas no § 3º dos arts. 12 e 14, do CDC, incluindo os casos de fortuito externo.

---

[50] § 4º Tendo o consumidor optado pela alternativa do inciso I do § 1º deste artigo, e não sendo possível a substituição do bem, poderá haver substituição por outro de espécie, marca ou modelo diversos, mediante complementação ou restituição de eventual diferença de preço, sem prejuízo do disposto nos incisos II e III do § 1º deste artigo.
[51] Art. 84. Na ação que tenha por objeto o cumprimento da obrigação de fazer ou não fazer, o juiz concederá a tutela específica da obrigação ou determinará providências que assegurem o resultado prático equivalente ao do adimplemento. § 1º A conversão da obrigação em perdas e danos somente será admissível se por elas optar o autor ou se impossível a tutela específica ou a obtenção do resultado prático correspondente. § 2º A indenização por perdas e danos se fará sem prejuízo da multa (art. 287, do Código de Processo Civil). § 3º Sendo relevante o fundamento da demanda e havendo justificado receio de ineficácia do provimento final, é lícito ao juiz conceder a tutela liminarmente ou após justificação prévia, citado o réu. § 4º O juiz poderá, na hipótese do § 3º ou na sentença, impor multa diária ao réu, independentemente de pedido do autor, se for suficiente ou compatível com a obrigação, fixando prazo razoável para o cumprimento do preceito. § 5º Para a tutela específica ou para a obtenção do resultado prático equivalente, poderá o juiz determinar as medidas necessárias, tais como busca e apreensão, remoção de coisas e pessoas, desfazimento de obra, impedimento de atividade nociva, além de requisição de força policial.

Logo, no que respeita à responsabilidade de todos os agentes nos vícios dos produtos, é objetiva e solidária. A lei, entretanto, excepciona o fornecedor imediato ou comerciante, atribuindo-lhe a responsabilidade quando é ele quem realiza a pesagem ou a medição e o equipamento utilizado não estiver em consonância com os padrões oficiais[52].

Aos vícios dos serviços, dispostos no art. 20, CDC[53], aplicam-se o regramento do art. 19, do mesmo diploma legal. No que tange aos vícios de qualidade dos serviços, a responsabilidade é do fornecedor direto do serviço, mas isso não elide a responsabilidade dos demais que indiretamente tenham participado da relação (art. 34 e §§ 1º e 2º do art. 25, do CDC), pois há solidariedade legal entre eles.

Os vícios de qualidade são aqueles que tornam os serviços impróprios ou inadequados ao consumo e uso a que se destina ou lhes diminuam o valor, ou aqueles decorrentes de disparidade das ofertas ou mensagens publicitárias[54]. Em se constatando a sua ocorrência, poderá o consumidor lançar mão das alternativas insculpidas no art. 20, CDC: i) a reexecução dos serviços, sem custo adicional e quando cabível, ii) a restituição imediata da quantia paga, monetariamente atualizada, sem prejuízo de eventuais perdas e danos[55] e iii) o abatimento proporcional do preço.

A reexecução dos serviços poderá ser confiada a terceiros por conta e risco do fornecedor.

O vício de quantidade do serviço é toda e qualquer prestação deste em quantidade diversa (para menos) daquela paga pelo consumidor, independentemente do tipo de medida, com base na mensagem publicitária, na apresentação, na oferta e informação em geral e no contrato.

Em ambas as hipóteses, o consumidor pode se valer de todas as ações necessárias à defesa de seu direito, mormente a ação de obrigação de fazer, consoante hipótese do art. 84, CDC, com a possibilidade de pedido de antecipação de tutela, bem como de medidas necessárias a efetivação do direito pretendido, como a imposição de multa diária.

---

[52] Art. 19. § 2º O fornecedor imediato será responsável quando fizer a pesagem ou a medição e o instrumento utilizado não estiver aferido segundo os padrões oficiais.
[53] Art. 20. O fornecedor de serviços responde pelos vícios de qualidade que os tornem impróprios ao consumo ou lhes diminuam o valor, assim como por aqueles decorrentes da disparidade com as indicações constantes da oferta ou mensagem publicitária, podendo o consumidor exigir, alternativamente e à sua escolha: I - a reexecução dos serviços, sem custo adicional e quando cabível; II - a restituição imediata da quantia paga, monetariamente atualizada, sem prejuízo de eventuais perdas e danos; III - o abatimento proporcional do preço. § 1º A reexecução dos serviços poderá ser confiada a terceiros devidamente capacitados, por conta e risco do fornecedor. § 2º São impróprios os serviços que se mostrem inadequados para os fins que razoavelmente deles se esperam, bem como aqueles que não atendam as normas regulamentares de prestabilidade.
[54] O STJ já se manifestou da seguinte forma sobre os vícios de qualidade dos serviços, vide informativo 416: "É impróprio o serviço (art. 20, par. 2º, CDC) que se mostra inadequado ao fim que razoavelmente dele se espera. Essa razoabilidade está intimamente ligada ao direito de informação do consumidor (art. 6º, III, CDC). Além de clara e precisa, a informação prestada pelo fornecedor deve conter as advertências ao consumidor a respeito dos riscos que podem eventualmente frustrar a utilização do serviço contratado. A correta prestação de informação, além de ser direito básico do consumidor, demonstra lealdade inerente à boa-fé objetiva e constitui ponto de partida para a perfeita coincidência entre o serviço oferecido e o efetivamente prestado".
[55] As perdas e danos (danos materiais – danos emergentes e lucros cessantes, e morais) somente são devidos após se constatar impossibilidade ou a desistência do saneamento do vício; se este puder ser resolvido, não pode o consumidor pretender a indenização.

Em conclusão, a responsabilidade do fornecedor pelos vícios dos serviços é, pois, objetiva e solidária.

Com relação ao direito à adequada e eficaz prestação dos serviços públicos, encampado no *caput* do art. 37, da Constituição Federal, tem-se a dizer que sempre que o consumidor se sentir prejudicado por ato praticado na prestação de serviços por órgãos públicos, por si ou por suas empresas, concessionárias, permissionárias ou qualquer outra forma de empreendimento pode postular em juízo pleiteando, inclusive, a reparação pelos danos morais eventualmente causados.

A eficiência pauta-se na qualidade dos serviços públicos prestados, caracterizada pela adequação, segurança e continuidade, atingida pelos resultados positivos e satisfatórios. O contrário pode encerrar um vício do serviço ou mesmo um defeito, que ensejará as providências previstas pela legislação consumerista.

Nesse sentido, a previsão do art. 22 do CDC, que trata dos princípios da essencialidade e da continuidade do serviço público:

> Art. 22. Os órgãos públicos, por si ou suas empresas, concessionárias, permissionárias ou sob qualquer outra forma de empreendimento, são obrigados a fornecer serviços adequados, eficientes, seguros e, quanto aos essenciais, contínuos.
> Parágrafo único. Nos casos de descumprimento, total ou parcial, das obrigações referidas neste artigo, serão as pessoas jurídicas compelidas a cumpri-las e a reparar os danos causados, na forma prevista neste código.

Isto posto, os serviços essenciais e de caráter urgente não podem sofrer solução de continuidade em razão de sua essencialidade à coletividade.

> EMENTA: ADMINISTRATIVO. RECURSO ESPECIAL. DIREITO DO CONSUMIDOR. AUSÊNCIA DE PAGAMENTO DE TARIFA DE ÁGUA. INTERRUPÇÃO DO FORNECIMENTO. CORTE. IMPOSSIBILIDADE. ARTS. 22 E 42 DA LEI Nº 8.078/90 (CÓDIGO DE PROTEÇÃO E DEFESA DO CONSUMIDOR). HOSPITAL. SERVIÇO ESSENCIAL À POPULAÇÃO. PRECEDENTES. 1. Recurso especial interposto contra acórdão que considerou legal o corte no fornecimento de água em virtude de falta de pagamento de contas atrasadas. 2. Não resulta em se reconhecer como legítimo o ato administrativo praticado pela empresa concessionária fornecedora de água e consistente na interrupção de seus serviços, em face de ausência de pagamento de fatura vencida. A água é, na atualidade, um bem essencial à população, constituindo-se serviço público indispensável, subordinado ao princípio da continuidade de sua prestação, pelo que se torna impossível a sua interrupção. 3. O art. 22 do Código de Proteção e Defesa do Consumidor assevera que "os órgãos públicos, por si ou suas empresas, concessionárias, permissionárias ou sob qualquer outra forma de empreendimento, são obrigados a fornecer serviços adequados, eficientes, seguros e, quanto aos essenciais, contínuos". O seu parágrafo único expõe que, "nos casos de descumprimento, total ou parcial, das obrigações referidas neste artigo, serão as pessoas jurídicas compelidas a cumpri-las e a reparar os danos causados na forma prevista neste código". Já o art. 42 do mesmo diploma legal não permite, na cobrança de débitos, que o devedor seja exposto ao ridículo, nem que seja submetido a qualquer tipo de constrangimento ou ameaça. Tais dispositivos aplicam-se às empresas concessionárias de serviço público. 4. Não há de se prestigiar atuação da Justiça privada no Brasil, especialmente, quando exercida por credor econômica e financeiramente mais forte, em largas proporções, do que o devedor. Afrontaria, se fosse admitido, os princípios constitucionais da inocência presumida e da ampla defesa. O direito de o cidadão se utilizar dos serviços públicos essenciais para a sua vida em sociedade deve ser interpretado com vistas a beneficiar a quem deles se utiliza. 5. Esse o entendimento deste Relator. 6. Posição assumida pela ampla maioria da 1ª Seção deste Sodalício no sentido de que "é lícito à concessionária interromper o fornecimento de energia elétrica,

se, após aviso prévio, o consumidor de energia elétrica permanecer inadimplente no pagamento da respectiva conta (L. 8.987/95, Art. 6°, § 3°, II) "(REsp n° 363943/MG, 1ª Seção, Rel. Min. Humberto Gomes de Barros, DJ de 01/03/2004). No mesmo sentido: EREsp n° 337965/MG, 1ª Seção, Rel. Min. Luiz Fux, DJ de 08/11/2004; REsp n° 123444/SP, 2ª T., Rel. Min. João Otávio de Noronha, DJ de 14/02/2005; REsp n° 600937/RS, 1ª T., Rel. p/ Acórdão, Min. Francisco Falcão, DJ de 08/11/2004; REsp n° 623322/PR, 1ª T., Rel. Min. Luiz Fux, DJ de 30/09/2004. 7. No entanto, a jurisprudência predominante vem decidindo que: - "o corte não pode ocorrer de maneira indiscriminada, de forma a afetar áreas cuja falta de energia colocaria em demasiado perigo a população, como ruas, hospitais e escolas públicas" (REsp n° 594095/MG, 2ª Turma, Rel. Min. João Otávio de Noronha, DJ de 19.03.2007); - "no caso dos autos, pretende a recorrente o corte no fornecimento de energia elétrica do único hospital público da região, o que se mostra inadmissível em face da essencialidade do serviço prestado pela ora recorrida. Nesse caso, o corte da energia elétrica não traria apenas desconforto ao usuário inadimplente, mas verdadeiro risco à vida de dependentes dos serviços médicos e hospitalares daquele hospital público. O art. 6°, § 3°, inciso II, da Lei n. 8.987/95 estabelece que é possível o corte do fornecimento de energia desde que considerado o interesse da coletividade. Logo, não há que se proceder ao corte de utilidades básicas de um hospital, como requer o recorrente, quando existem outros meios jurídicos legais para buscar a tutela jurisdicional" (REsp n° 876723/PR, 2ª Turma, Rel. Min. Humberto Martins, DJ de 05.02.2007); - "a interrupção do fornecimento de energia, caso efetivada, implicaria sobrepor, na cadeia de valores tutelados pelo ordenamento jurídico, o contrato de concessão à vida humana e à integridade física dos pacientes. O interesse coletivo que autoriza a solução de continuidade do serviço deve ser relativizado em favor do interesse público maior: a proteção da vida" (REsp n° 621435/SP, 1ª Turma, Relª Minª Denise Arruda, DJ de 19.10.2006); - "tratando-se de pessoa jurídica de direito público, prevalece nesta Corte a tese de que o corte de energia é possível (Lei 9.427/96, art. 17, parágrafo único), desde que não aconteça indiscriminadamente, preservando-se as unidades públicas essenciais, como hospitais, pronto-socorros, escolas e creches" (REsp n° 654818/RJ, 1ª Turma, Relª Minª Denise Arruda, DJ de 19.10.2006); - "é lícito à concessionária interromper o fornecimento de energia elétrica se, após aviso prévio, o Município devedor não solve dívida oriunda de contas geradas pelo consumo de energia. Entretanto, para que não seja considerado ilegítimo, o corte não pode ocorrer de maneira indiscriminada, de forma a afetar áreas cuja falta de energia colocaria em demasiado perigo a população, como as, ruas, hospitais e escolas públicas" (REsp n° 682378/RS, 2ª Turma, Rel. Min. João Otávio de Noronha, DJ de 06.06.2006) 8. Recurso especial provido. (STJ. REsp 943850 / SP. Relator(a) Ministro JOSÉ DELGADO. Órgão Julgador PRIMEIRA TURMA, Data do Julgamento 28/08/2007, Data da Publicação 13/09/2007).

Portanto, sempre que o consumidor se sentir prejudicado em razão da inadequada prestação dos serviços públicos terá direito a pleitear em juízo a proporcional reparação.

LEGITIMIDADE PARA A PROTEÇÃO DOS INTERESSES E DIREITOS DOS CONSUMIDORES

A proteção dos interesses e direitos dos consumidores e vítimas poderá ser exercida individual ou coletivamente. Neste último caso, objetivou o legislador, como bem asseveram Vidal Serrano Nunes Junior e Yolanda Alves Pinto Serrano[56], dotar o ordenamento de instrumentos que garantam os direitos daqueles que, em razão da sua vulnerabilidade em face de grupos econômicos, sofram danos individuais em massa.

---

[56] NUNES JÚNIOR, Vidal Serrano e outra. *Código de defesa do consumidor interpretado*. São Paulo: Saraiva, 2003.

O Ministério Público detém a legitimidade concorrente para fazer a defesa coletiva, nos termos do art. 82 do CDC, utilizando-se de qualquer espécie de ação adequada e capaz de propiciar a efetiva tutela jurisdicional.

Sobre a legitimidade do *Parquet*, asseverou muito bem Felipe Peixoto Braga Netto[57], tanto a possui na defesa dos interesses individuais homogêneos, quando estes versarem sobre direitos indisponíveis e tenham relevante interesse social, quanto aos direitos difusos e coletivos. Esse autor transcreve em seu artigo decisão do Supremo Tribunal Federal que é de relevante importância:

> 1. A Constituição Federal confere relevo ao Ministério Público como instituição permanente, essencial à função jurisdicional do Estado, incumbindo-lhe a defesa da ordem jurídica, do regime democrático e dos interesses sociais e individuais indisponíveis (CF, art. 127). 2. Por isso mesmo detém o Ministério Público capacidade postulatória, não só para a abertura do inquérito civil, da ação penal pública e da ação civil pública para a proteção do patrimônio público e social, do meio ambiente, mas também de outros interesses difusos e coletivos (CF, art. 129, I e III). 3. Interesses difusos são aqueles que abrangem número indeterminado de pessoas unidas pelas mesmas circunstâncias de fato e coletivos aqueles pertencentes a grupos, categorias ou classes de pessoas determináveis, ligadas entre si ou com a parte contrária por uma relação jurídica base. 3.1. A indeterminidade é a característica fundamental dos interesses difusos e a determinidade a daqueles interesses que envolvem os coletivos. 4. Direitos ou interesses homogêneos são os que têm a mesma origem comum (art. 81, III, da Lei n 8.078, de 11 de setembro de 1990), constituindo-se em subespécie de direitos coletivos. 4.1. Quer se afirme interesses coletivos ou particularmente interesses homogêneos, stricto sensu, ambos estão cingidos a uma mesma base jurídica, sendo coletivos, explicitamente dizendo, porque são relativos a grupos, categorias ou classes de pessoas, que conquanto digam respeito às pessoas isoladamente, não se classificam como direitos individuais para o fim de ser vedada a sua defesa em ação civil pública, porque sua concepção finalística destina-se à proteção desses grupos, categorias ou classe de pessoas. 5. As chamadas mensalidades escolares, quando abusivas ou ilegais, podem ser impugnadas por via de ação civil pública, a requerimento do Órgão do Ministério Público, pois ainda que sejam interesses homogêneos de origem comum, são subespécies de interesses coletivos, tutelados pelo Estado por esse meio processual como dispõe o artigo 129, inciso III, da Constituição Federal. 5.1. Cuidando-se de tema ligado à educação, amparada constitucionalmente como dever do Estado e obrigação de todos (CF, art. 205), está o Ministério Público investido da capacidade postulatória, patente a legitimidade ad causam, quando o bem que se busca resguardar se insere na órbita dos interesses coletivos, em segmento de extrema delicadeza e de conteúdo social tal que, acima de tudo, recomenda-se o abrigo estatal. Recurso extraordinário conhecido e provido para, afastada a alegada ilegitimidade do Ministério Público, com vistas à defesa dos interesses de uma coletividade, determinar a remessa dos autos ao Tribunal de origem, para prosseguir no julgamento da ação. (STF, RE 163.231, Rel. Min. Maurício Corrêa, Tribunal Pleno, j. 26/02/97, p. 29/06/01).

O Superior Tribunal de Justiça também já se manifestou no sentido de que:

> (...) o Ministério Público tem legitimidade processual extraordinária para, em substituição às vítimas de acidentes, pleitear o ressarcimento de indenizações devidas pelo sistema do Seguro Obrigatório de Danos Pessoais – DPVAT, mas pagas a menor. A alegada origem comum a violar direitos pertencentes a um número determinado de pessoas, ligadas por esta circunstância de fato, revela o caráter homogêneo dos interesses individuais em jogo. Inteligência do art. 81, CDC. Os interesses individuais homogêneos são considerados relevantes por si mesmos, sendo desnecessária a comprovação desta relevância. Precedentes. Pedido, ademais, cumulado com o de ressarcimento de danos morais coletivos, figura que, em cognição sumária não

---

[57] BRAGA NETTO, Felipe Peixoto. *A Atuação do Ministério Público na Defesa do Consumidor*. in Temas Atuais do Ministério Público – A Atuação do *Parquet* nos 20 Anos da Constituição Federal. Coordenadores Cristiano Chaves, Leonardo Barreto Moreira Alves, Nelson Rosenvald. Rio de Janeiro: Lumen Juris, p. 319-320.

exauriente, revela a pretensão a tutela de direito difuso em relação à qual o Ministério Público tem notório interesse e legitimidade processual. Não sendo o Seguro Obrigatório de Danos Pessoais – DPVAT assemelhado ao FGTS, sua tutela, por meio de Ação Civil Pública, não está vedada por força do parágrafo único do art. 1o da Lei 7.347/85. Recurso Especial não conhecido. (STJ, REsp. 855.165, Rel. Min. Nancy Andrighi, 3ª T., j. 07/02/08, DJ 13/03/08).

Também possuem a legitimidade para a defesa dos consumidores em juízo, a União, os Estados, os Municípios e o Distrito Federal, as entidades e órgãos da Administração Pública, direta ou indireta, ainda que sem personalidade jurídica, especificamente destinados à defesa dos interesses e direitos protegidos por este código, a exemplo dos PROCONS e as associações legalmente constituídas há pelo menos um ano e que incluam entre seus fins institucionais a defesa dos interesses e direitos protegidos por este código, dispensada a autorização assemblear.

A Lei n. 11.448/2007 alterou o art. 5º da Lei de Ação Civil Pública para fazer incluir a Defensoria Pública como legitimada a propor ação civil pública, mas deve observar que à esta instituição cabe a defesa dos interesses dos necessitados.

Como apontado anteriormente, esta legitimação é concorrente e disjuntiva, ou seja, um destes entes legitimados não depende de autorização de outro, podendo agir *sponte propria*. Eventual litisconsórcio que se formar entre eles será facultativo.

Todas as espécies de ações são admissíveis para a proteção dos interesses dos consumidores (art. 83, do CDC), confirmando a previsão do art. 6º, incisos VI e VII, e na medida da disposição constitucional (art. 5º, XXXV).

No que concerne ao direito de acesso à justiça, capitulado no inciso VII do art. 6º do CDC, resta consagrada a garantia ao abono e à isenção de taxas e custas, nomeação de procuradores, dentre outros. Na verdade, trata-se de norma que visa facilitar o ingresso no Judiciário daquelas pessoas desprovidas de recursos financeiros, já que ações judiciais demandam custos.

Da necessidade de garantir o acesso à justiça a todos que dela necessitam, foi editada a Lei n. 1.060/50, a qual dispõe que "a parte gozará dos benefícios da assistência, mediante a simples afirmação, na própria petição inicial, de que não está em condições de pagar as custas do processo e os honorários de advogado, sem prejuízo próprio ou de sua família".

Basta, pois, a simples alegação de tal incapacidade financeira para que o pleito de assistência possa ser atendido, salvo nas hipóteses em que o juiz, com a análise das provas já produzidas, possa fazer juízo de valor acerca da capacidade financeira do requerente e, assim, indefira fundamentadamente.

Essa presunção de pobreza é *juris tantum*, podendo ser combatida via impugnação da parte contrária, a quem incumbe a tarefa de provar o contrário (exemplo de inversão do ônus da prova *ope legis*).

Nessa seara, também a Lei n. 9.099/95 previu, com base nos critérios da oralidade, simplicidade, informalidade, economia processual e celeridade, a capacidade postulatória das pessoas físicas capazes, de modo que poderão propor ação perante o Juizado Especial, independentemente de assistência, inclusive para fins de conciliação, nas causas de valor até 20 (vinte) salários mínimos.

A exigência da assistência por advogado torna-se, contudo, obrigatória nas causas que tenham valor superior a 20 (vinte) salários mínimos, ou que sejam, através de recurso, encaminhadas para a Turma Recursal.

Tal previsão legal, pautada na norma do art. 5°, incisos XXXV e LXXIV, da Constituição Federal, objetivou facilitar o acesso à justiça. Entretanto, este ponto merece algumas críticas.

Na prática, é facilmente constatada que esta norma não tem atingido seu objetivo precípuo, uma vez que os Juizados Especiais Cíveis e de Defesa do Consumidor deste Estado em especial não tem estrutura funcional para garantir aos demandantes a assistência de um advogado, quando a causa o recomendar ou assim pretenderem.

Os consumidores postulam, prestando suas queixas através de atendentes judiciários e suas ações têm seu curso, com a realização de audiência e demais atos processuais sem a assistência de um advogado quando a causa tem valor inferior a vinte salários mínimos.

Ocorre que o impacto dessa situação pelo consumidor/autor já é sentido na audiência, quando o réu se faz representar por advogado, muitas vezes, vários deles, deixando-o em manifesta desvantagem. Isso sem falar que a tentativa de conciliação por inúmeras vezes fica prejudicada ou, quando aceita, em clara desvantagem para o consumidor que desconhece seus direitos.

O réu possui plenas condições de se manifestar adequadamente sobre os pedidos da inicial e documentos acostados pela parte autora, mas esta, por sua vez, sem o patrocínio de um defensor, certamente não terá condições de se manifestar acerca de eventuais preliminares, pedido contraposto e documentos trazidos aos autos quando da apresentação da defesa, sobretudo porque isso se faz no momento da audiência. Não terá clareza também, como apontado, para analisar os reais benefícios de uma proposta de acordo, sobretudo quando a causa versa sobre indenização por danos morais.

Ademais, o autor que demanda sem o patrocínio de um causídico não pode recorrer sem a assistência de um profissional, nos casos em que obtenha uma sentença de improcedência, inclusive a *prima facie*, devendo, obrigatoriamente, buscar fazê-lo por intermédio de um advogado. Se não puder pagar, deverá ir a Defensoria Pública ou às Universidades e Faculdades que prestam a assistência jurídica gratuita, mas que, na prática não conseguem atender à demanda.

O ideal seria que cada unidade dos Juizados tivesse pelo menos um membro da Defensoria Pública de modo a, em havendo necessidade, auxiliar os litigantes que não possuam condições de pagar por um advogado, sobretudo assistindo-os nas audiências.

Enquanto tal situação prosperar, contudo, devem os consumidores estar atentos aos seus direitos materiais e processuais básicos, de modo a dar seguimento às ações que intentarem sem que a ausência de advogado particular ou de Defensor Público prejudique a defesa de seus interesses. Aliás, esse é o objetivo do presente trabalho: informar.

ÔNUS DA PROVA NO CÓDIGO DE DEFESA DO CONSUMIDOR

> VIII – a facilitação da defesa de seus direitos, inclusive com a inversão do ônus da prova, a seu favor, no processo civil, quando, a critério do juiz, for verossímil a alegação ou quando for ele hipossuficiente, segundo as regras ordinárias de experiências;

No que pertine à inversão do ônus da prova, de que trata o inciso VIII do art. 6°, do Código de Defesa do Consumidor, existem alguns pontos importantes a serem considerados, que podem influenciar diretamente no resultado das ações que tramitam nos Juizados Especiais Cíveis de Defesa do Consumidor, de rito sumaríssimo, e que serão abordados neste breve estudo.

Importa para tanto tecer breve digressão acerca das regras de ônus da prova, da regra de inversão do ônus da prova e o momento processual adequado para que seja proferida a decisão sobre tal inversão.

O ônus da prova tem dois sentidos: um deles, subjetivo, dirigido às partes, relaciona-se com o dever que estas possuem de provar os fatos invocados; o outro sentido, objetivo, dirigido ao Magistrado, liga-se à sua atividade ao julgar a ação em caso de insuficiência de provas, de modo a evitar o *non liquet*[58].

Para o professor Fredie Didier Júnior, a importância do sentido subjetivo é ressaltada na medida em que, inobservando as partes seus respectivos ônus, saberão que arcarão com as consequências daí decorrentes, pelo que se comportarão de modo a buscar a produção das provas dos fatos que alegar[59].

Já o sentido objetivo do ônus da prova se traduz como regra de juízo ou de julgamento, aplicada pelo Magistrado em caso de insuficiência de prova (*non liquet*), portanto, de aplicação subsidiária, no momento da prolação da sentença.

O art. 333, do Código de Processo Civil, que reza a distribuição estática do ônus da prova, estabelece o dever de cada uma das partes de fornecer os elementos de prova das alegações dos fatos que fizer.

Ao autor incumbe a prova dos fatos constitutivos do seu direito. O réu pode se defender fazendo a defesa direta, aquela em que se limita apenas a negar os fatos, ou a defesa indireta, que é aquela em que traz fatos novos capazes de modificar ou extinguir o direito do autor ou mesmo impedir

---

[58] O não julgamento.
[59] DIDIER JÚNIOR, Fredie e outros. *Curso de Direito Processual Civil*. Vol. II. Salvador: JusPodivm, 2008.

que ele advenha. Neste caso, transfere-se ao réu o ônus de provar, pena de suportar as consequências de não fazê-lo.

Costuma-se dividir as normas de inversão do ônus da prova em legal, *ope legis*, e judicial, *ope iudicis*.

A primeira é determinada pela lei, de modo que esta excepcionando a regra do art. 333, do CPC, distribui estatisticamente o ônus da prova e, por isso, deve ser tratada como regra de julgamento, porque a parte ré já sabe, desde o início da ação, que o ônus da prova lhe compete.

O legislador consumerista trouxe um exemplo da inversão do ônus da prova *ope legis*, que está contida no art. 38 do Código de Defesa do Consumidor, ao atribuir ao patrocinador da comunicação publicitária o ônus de provar a veracidade e a correção da informação.

Não se confunde, entretanto, com a inversão do ônus da prova *ope iudicis*, que é atividade do Magistrado, segundo o qual, constatando a ocorrência dos requisitos exigíveis, no caso concreto, inverte o *onus probandi*.

Portanto, a inversão *ope iudicis* ocorre quando ao Magistrado é conferido o poder de, no caso concreto, e verificada a presença dos requisitos exigíveis, proceder a inversão do ônus da prova. Como tal inversão depende da apreciação subjetiva do Juiz, esta é regra de atividade e não de julgamento, de modo que o juiz deverá conferir à parte a quem atribuiu o ônus de provar a oportunidade de fazê-lo.

Isto significa dizer, por exemplo, que o Juiz deve declarar invertido o ônus da prova até a fase de saneamento do processo, oportunizando à parte ré a realização de sua defesa integralmente, com base nas novas regras.

Nesse contexto, será analisado o direito do consumidor à inversão do ônus da prova.

Afora a regra de inversão do ônus da prova *ope legis* do art. 38, (do) CDC, que não gera nenhum grau de dificuldade na prática forense, só existe uma previsão legal de inversão *ope iudicis* para as causas de consumo, que é aquela versada no art. 6º, VIII, CDC.

Como já dito, a inversão *ope iudicis* é aquela em que o Magistrado possui certo grau de subjetividade na análise do processo para que, atendidas as exigências legais, proceda à inversão do ônus da prova; mas deverá o Magistrado anunciá-la antes de sentenciar e em tempo da parte onerada se desincumbir do encargo a si atribuído. E é neste ponto que a doutrina e a jurisprudência se dividem, bem como surgem dificuldades na prática.

Uns entendem, assim como o professor Fredie Didier, que a inversão do ônus da prova é regra de juízo, de atividade e, portanto, deverá o juiz decidir e informar à parte a quem atribuiu tal encargo em tempo para que esta possa se desincumbir de seu encargo. Do contrário, representaria uma ofensa ao sistema do devido processo legal e a garantia do contraditório.

Por sua vez, em melhor posicionamento, já se pronunciou o STJ no sentido de que se trata de regra de julgamento, sendo possível que o Magistrado possa, por ocasião da sentença, proceder à inversão quando constatar a necessidade de fazê-lo para julgar a demanda, não se podendo alegar surpresa ao réu/fornecedor, pois este tem ciência de que, em tese, poderá haver a inversão. Conforme entendimento esposado pelo STJ, através da Ministra Nancy Andrighi.

> EMENTA RECURSO ESPECIAL. CIVIL E PROCESSUAL CIVIL. RESPONSABILIDADE CIVIL. INDENIZAÇÃO POR DANOS MATERIAIS E COMPENSAÇÃO POR DANOS MORAIS. CAUSA DE PEDIR. CEGUEIRA CAUSADA POR TAMPA DE REFRIGERANTE QUANDO DA ABERTURA DA GARRAFA. PROCEDENTE. OBRIGAÇÃO SUBJETIVA DE INDENIZAR. SÚMULA 7/STJ. PROVA DE FATO NEGATIVO. SUPERAÇÃO. POSSIBILIDADE DE PROVA DE AFIRMATIVA OU FATO CONTRÁRIO. INVERSÃO DO ÔNUS DA PROVA EM FAVOR DO CONSUMIDOR. REGRA DE JULGAMENTO. DOUTRINA E JURISPRUDÊNCIA. ARTS. 159 DO CC/1916, 333, I, DO CPC E 6°, VIII, DO CDC.
> - Se o Tribunal *a quo* entende presentes os três requisitos ensejadores da obrigação subjetiva de indenizar, quais sejam: (i) o ato ilícito, (ii) o dano experimentado pela vítima e (iii) o nexo de causalidade entre o dano sofrido e a conduta ilícita; a alegação de violação ao art. 159 do CC/1916 (atual art. 186 do CC) esbarra no óbice da Súmula n.° 7 deste STJ.
> - Tanto a doutrina como a jurisprudência superaram a complexa construção do direito antigo acerca da prova dos fatos negativos, razão pela qual a afirmação dogmática de que o fato negativo nunca se prova é inexata, pois há hipóteses em que uma alegação negativa traz, inerente, uma afirmativa que pode ser provada. Desse modo, sempre que for possível provar uma afirmativa ou um fato contrário àquele deduzido pela outra parte, tem-se como superada a alegação de "prova negativa", ou "impossível".
> - <u>Conforme posicionamento dominante da doutrina e da jurisprudência, a inversão do ônus da prova, prevista no inc. VIII, do art. 6.° do CDC é regra de julgamento</u>. Vencidos os Ministros Castro Filho e Humberto Gomes de Barros, que entenderam que a inversão do ônus da prova deve ocorrer no momento da dilação probatória.
> Recurso especial não conhecido.
> STJ. REsp 422778 / SP. Relator(a) Ministro CASTRO FILHO, Relator(a) p/ Acórdão Ministra NANCY ANDRIGHI, Órgão Julgador TERCEIRA TURMA, por maioria, Data do Julgamento 19/06/2007, Data da Publicação 27/08/2007.

Nesse sentido, também o entendimento de alguns processualistas renomados, citados no artigo de autoria de Georges Louis Hage Humbert, que merece transcrição pela importância dos argumentos:

Importante setor da doutrina, cujo posicionamento, data vênia, não se coaduna, defende ser por ocasião da sentença o momento mais propício para a decisão do juiz acerca da inversão. Cite-se, por todos, Nelson Nery, Kazuo Watanabe e Batista Lopes.

Fundamentam sua tese afirmando que as regras da inversão do ônus da prova são de julgamento da causa e que, somente após a instrução do feito, no momento da valoração das provas, estará o juiz habilitado a afirmar se existe ou não situação de *non liquet*, sendo o caso ou não de inversão do ônus da prova.

Ademais, alegam, ainda, que acaso o juiz declare invertido o ônus da prova antes de proferir a sentença, seria o mesmo que proceder ao pré-julgamento da causa, o que, para esta corrente doutrinária, é inadmissível.

Para Nery, o ônus da prova é regra de juízo. Este renomado autor, ao manifestar-se acerca do tema em debate, afirma que a sentença é o melhor momento para a inversão. Sustenta este renomado jurista que "a parte que teve contra si invertido o ônus da prova (...) não poderá alegar cerceamento de defesa porque, desde o início da demanda de consumo, já sabia quais eram as regras do jogo e que, havendo *non liquet* quanto à prova, poderia ter contra ela invertido o ônus da prova".

No mesmo sentido, leciona Batista Lopes:

> "(...) é orientação assente na doutrina que o ônus da prova constitui regra de julgamento e, como tal, se reveste de relevância apenas no momento da sentença, quando não houver prova do fato ou for ela insuficiente". Conclui, ao final, que "... somente após o encerramento da instrução é que se deverá cogitar da aplicação da regra da inversão do ônus da prova. Nem poderá o fornecedor alegar surpresa, já que o benefício da inversão está previsto expressamente no texto legal".
> Aduzem, ademais, que ao se manifestar a respeito do ônus da prova anteriormente a sentença, poderia o magistrado incorrer em prejulgamento, parcial e prematuro.
> Finalmente, argumentam que a isonomia prevista na constituição consiste em tratar igualmente os iguais e desigualmente os desiguais, reconhecendo, desta forma, a legalidade e constitucionalidade da inversão do ônus da prova em favor do consumidor na sentença, por ser este, ante a hipersuficiência das grandes empresas fornecedoras, o pólo frágil e hipossuficiente da relação, merecendo o amparo da lei para seja alcançado um equilíbrio de forças[60].

Esta discussão acerca do momento processual adequado para a inversão do ônus da prova, em sede dos Juizados Especiais Cíveis de Defesa do Consumidor, gera algumas dificuldades práticas para o autor/consumidor, o que corrobora o entendimento aqui apresentado e a opção pela posição acima.

Até a publicação da Resolução n. 12/2007, em que foi aprovado o Regimento Interno do Sistema dos Juizados Especiais do Estado da Bahia pelo Tribunal Pleno, as audiências realizadas nos Juizados eram no mínimo duas; uma de conciliação, realizada perante a figura do Conciliador, cujo objetivo era tentar o acordo entre as partes e, não havendo, outra para a instrução e julgamento, realizada perante o Juiz de Direito, em que às partes era dado o direito de contestar e de produzir todas as provas que entendessem necessárias.

Os pedidos de inversão do ônus da prova, quase sempre presentes nas queixas, muito dificilmente eram apreciados antes desta primeira audiência e, quando da realização da audiência de instrução e julgamento, cuja média de espera era de 6 meses, pelo menos, a parte autora que tinha seu pedido de inversão do ônus da prova apreciado naquela oportunidade, pelos Magistrados que adotam o entendimento de que tal decisão deve ser proferida antes da audiência de instrução e julgamento, era penalizado com a remarcação desta, por mais tempo, a fim de que o réu pudesse comparecer devidamente preparado para fazer sua defesa e não fosse "pego" de surpresa, evitando-se, assim, a posterior alegação de violação aos princípios da ampla defesa e do contraditório.

Nestes casos, o autor era penalizado com a demora na tramitação dos processos, o que se opõe aos princípios informadores do rito sumaríssimo, quais sejam, celeridade e economia processuais, informalidade e simplicidade.

---

[60] HUMBERT, Georges Louis Hage. *Inversão do ônus da prova no CDC: momento processual e adequação aos princípios constitucionais e processuais*. Jus Navigandi, Teresina, ano 8, n. 257, 21 mar. 2004. Disponível em: <http://jus2.uol.com.br/doutrina/texto.asp?id=4939>. Acesso em: 14 abr. 2009.

Pois, objetivando orientar sobre o funcionamento dos Juizados Especiais Cíveis e Criminais deste Estado, de regular o funcionamento das Turmas Recursais e do Colégio de Magistrados dos Juizados Especiais, assim como interpretar a Lei Federal n. 9.099/1995 e as Leis Estaduais ns. 7.033/1997 e 7.213/1997, o Pleno do Tribunal de Justiça da Bahia aprovou a dita resolução, muito acertadamente, trazendo em seu bojo disposições, como a do art. 15 e 20.

> Art. 15. Frustrada a tentativa de conciliação, sendo a questão de mérito unicamente de direito, ou, sendo de direito e de fato, limitarem-se as partes a juntar documentos e não havendo necessidade de produzir prova em audiência, será lavrada a ata de instrução, em auxílio ao Juiz, nos termos do Art. 27 da Lei 9.099/1995, oportunidade em que a parte ré deve manifestar sua defesa oral ou escrita.
> § 1º. Caso a contestação contenha preliminares, se faça acompanhar de documentos ou apresente pedido contraposto, será colhida imediatamente a manifestação do autor. Se o autor não quiser responder ao pedido contraposto na própria audiência, poderá requerer a designação de nova data, que será de logo fixada.
> § 2º. Ocorrendo a hipótese de que trata o art. 9º, § 1º, da Lei n. 9099/1995, e não havendo no Juizado a assistência jurídica reclamada pela parte, será remarcada audiência de conciliação, para que se viabilize a presença do Defensor Público ou advogado, independentemente da matéria discutida ser somente de direito.
> § 3º. Insistindo qualquer das partes na necessidade de dilação probatória, seu requerimento constará do termo de audiência, mas se a prova oral não vier a ser produzida na próxima audiência de instrução e julgamento, porque dispensada ou desnecessária, reconhecendo o Juiz na sentença que o ato da parte em requerer a sua realização foi meramente protelatória, poderá aplicar-lhe as sanções de que trata o art. 18, por violação ao art. 17, ambos do Código de Processo Civil, de aplicação subsidiária.
> (...)
> Art. 20. Após a sessão de conciliação, na forma do artigo 15 deste regimento, o Juiz, se entender que a questão de mérito é unicamente de direito, ou, sendo de direito e de fato, não houver necessidade de produzir prova em audiência de instrução, conhecerá diretamente do pedido, proferindo sentença.

Portanto, são regramentos que trouxeram celeridade no trâmite das ações nos Juizados Especiais Cíveis, notadamente nos de Defesa do Consumidor, acabando por tornar a atuação processual do autor, que sempre foi o maior prejudicado pela demora na tramitação dos processos, menos penosa e mais ágil, garantindo-lhe uma efetiva prestação jurisdicional.

Ocorre que, em sede dos Juizados Especiais Cíveis de Defesa do Consumidor, sobretudo quando se postula sem assistência de advogado, normalmente consta na queixa o pedido de inversão do ônus da prova, mas que não é apreciado a tempo desta audiência, realizada e instruída pelo Conciliador, de modo que o consumidor/autor pode ter prejuízos em razão da sua dificuldade em produzir a prova do seu direito.

Isto porque nem sempre os advogados dos autores ou eles próprios protestam no início da audiência pela manifestação expressa do Magistrado acerca da inversão do ônus da prova, deixando a audiência de conciliação ter seu curso normal e os autos ficarem conclusos para sentença. Deste modo, como não houve a inversão, permanece com o autor o ônus de provar os fatos alegados, o que nem sempre é possível em face da sua vulnerabilidade, por exemplo.

Desta forma, fica o questionamento de como se deve proceder para que o autor evite o perecimento do seu direito. Vislumbram-se duas alternativas para o caso.

A primeira delas é, sempre que o autor entender que tem direito à inversão por atender as exigências legais e, isto significa a facilitação de sua defesa, fazer requerimento expresso na primeira oportunidade em que manifestar nos autos, ou seja, após a abertura da audiência de conciliação, instrução e julgamento, a qual deverá ser suspensa para apreciação do pedido. Sendo acolhido, o réu será intimado de tal decisão e de que deverá comparecer à outra audiência de conciliação, instrução e julgamento designada para dar curso ao seu andamento, já com o ônus da prova invertido.

Essa opção inviabilizaria a atuação dos magistrados que teriam inúmeros processos conclusos para análise dos pedidos de inversão do ônus da prova, e em seguida as pautas dos juizados, que teriam que remarcar inúmeras audiências somente para dar cumprimento a este posicionamento, o da regra de atividade.

Outra alternativa, a segunda, seria insistir na tese de que a inversão *ope iudicis* é regra de julgamento, pelo que é cabível ao Magistrado, ao julgar, fazer a inversão. Nesse sentido, argumentar-se-ia que o direito à inversão do ônus da prova é direito subjetivo do consumidor, bastando apenas para ser validado, o preenchimento de um dos requisitos legais, não podendo se falar em surpresa do fornecedor.

E por isto mesmo, não haveria ofensa aos princípios da ampla defesa e do contraditório, já que o fornecedor deve esperar que a inversão possa ocorrer e, por isso, deverá comparecer à audiência devidamente preparado, ou seja, munido de todos os documentos imprescindíveis à prova do seu direito, que, seria a contraprova a inexistência do direito da parte autora.

Importante trazer o argumento de que o art. 14, do CPC, estabelece o rol de deveres das partes, dentre eles, o dever de expor os fatos em juízo conforme a verdade, de não formular pretensões, nem alegar defesa, cientes de que são destituídas de fundamento e de não produzir provas, nem praticar atos inúteis ou desnecessários à declaração ou defesa do direito, todos integrantes.

De qualquer modo, os consumidores encontrarão muitas dificuldades enquanto a matéria não for pacificada, de modo que é prudente que os mesmos, na audiência de conciliação, instrução e julgamento, realizada perante o Conciliador, protestem pela decisão acerca da inversão do ônus da prova, requerendo o processo submetido à apreciação judicial antes da instrução ocorrer, salvaguardando, assim, seus interesses e a prova do seu direito.

DECADÊNCIA E PRESCRIÇÃO NAS RELAÇÕES DE CONSUMO. GARANTIA LEGAL.

A **prescrição** está regulada no art. 27, do CDC[61] (32)e está intimamente ligada ao direito subjetivo. O direito à indenização do qual é titular o consumidor lesado por defeito do produto ou serviço com ofensa à sua segurança (arts. 12 e 14) é um direito subjetivo de crédito, porque possui este o direito de exigir sua pretensão.

---

[61] Art. 27. Prescreve em cinco anos a pretensão à reparação pelos danos causados por fato do produto ou do serviço prevista na Seção II deste Capítulo, iniciando-se a contagem do prazo a partir do conhecimento do dano e de sua autoria.

Sua contagem tem início a partir do conhecimento do dano e de sua autoria.

A decadência, por seu turno, está ligada ao direito potestativo, entendido como aquele que independe de contraprestação para ser exercitado. O STJ entende que, em havendo vício de quantidade ou qualidade do produto ou serviço (arts. 18 e 20), a lei concede ao consumidor o direito potestativo de escolher entre as alternativas do § 2º dos artigos mencionados, nos prazos do art. 26. Inclusive as ações de indenização por estes vícios devem ser exercitadas dentro destes prazos (30 ou 90 dias).

Na sistemática do Código de Defesa do Consumidor, os prazos <u>decadenciais</u> se referem ao <u>vício</u> do produto ou do serviço e os prazos <u>prescricionais ao fato</u> do produto ou do serviço.

A despeito disso, em se tratando de ações entre segurados e seguradoras, o STJ tem aplicado o prazo de 1 ano (art. 206, § 1º, inciso II, do Código Civil), assim como a ação de repetição do indébito da tarifa de água e esgoto[62], que segue o prazo geral do Código Civil/2002, de acordo com a Súmula 412, do STJ, já que não se trata de ação de reparação de danos causados por defeitos na prestação de serviços.

A **garantia legal** está disciplinada no art. 24, do CDC[63], e independe de qualquer manifestação do fornecedor, o qual não pode pretender desonerar-se de sua responsabilidade. É garantia legal de adequação, uma vez que está ligada à qualidade do produto ou serviço, à segurança, durabilidade e desempenho (art. 4º, II, "d", do CDC).

A lei não previu prazo para esta garantia. O que o consumidor possui é um tempo (que corresponde ao prazo decadencial) para apresentar reclamação contra essa garantia a partir do recebimento do produto ou do término do serviço.

Daí porque, em havendo algum tipo de <u>vício</u> (arts. 18 a 20, CDC), o consumidor goza dos prazos disciplinados no art. 26, do CDC, para apresentar reclamação, quais sejam: de 30 dias, se se tratar de produtos ou serviços não-duráveis, e de 90 dias, em se tratando de produtos ou serviços duráveis.

O início do prazo de garantia se dá com a entrega efetiva do produto ou com o término da execução dos serviços (§ 1º, art. 26, do CDC), quando se tratar de vícios aparentes ou de fácil constatação. Quando o vício for oculto (vício redibitório), o prazo para reclamar da garantia legal somente tem início quando de seu surgimento (§ 3º, art. 26, CDC). Ele será oculto quando não estiver acessível e, ainda assim, não estiver impedindo o uso e consumo.

Vale mencionar que a compra de um produto usado, desde que fruto de uma relação de consumo, é protegida pela garantia legal, naqueles mesmos prazos, mas é preciso levar-se em consideração as especificidades do produto usado bem como as condições de oferta do fornecedor. Seu funcionamento tem que ser adequado, levando-se em conta essas suas especificidades.

---

[62] Também para energia elétrica.
[63] Art. 24. A garantia legal de adequação do produto ou serviço independe de termo expresso, vedada a exoneração contratual do fornecedor.

Essa garantia legal poderá ser facultativamente ampliada pelo fornecedor, numa prática muito comum de mercado – a **garantia contratual complementar** (art. 50, CDC) e, diga-se, ela deverá sempre ser superior àqueles prazos da garantia legal, pena de o fornecedor incidir em punição por prática de publicidade ou informação enganosa. Ela será conferida mediante termo escrito.

Então, primeiro deve decorrer o prazo da garantia contratual e, findo este, terá início a contagem do prazo legal, de 30 dias ou 90 dias, conforme for o caso. Nestes termos, ensina Rizzatto Nunes, para o qual, uma vez dada ao consumidor a garantia contratual este prazo se complementa ao da garantia legal para fins de reclamação por vícios. Ao término do prazo da garantia complementar, tem-se início a contagem do prazo da garantia legal.

Obstam o prazo decadencial (30 ou 90 dias) a 1) reclamação comprovadamente formulada perante o fornecedor de produtos e serviços até a sua resposta negativa correspondente, que deve ser transmitida de forma inequívoca; 2) a instauração de inquérito civil, até seu encerramento. A simples denúncia aos órgãos ou entidades de defesa do consumidor não obstam a decadência, sem que se formule qualquer pretensão, e para a qual não há cogitar de resposta.

A reclamação do consumidor tem efeito constitutivo de seu direito: seja para obter a solução do problema de vício, seja para garantir, em caso de resposta negativa ou ausência de resposta, após 30 dias (que é o prazo máximo do § 1º, art. 18), seu direito de pleitear as hipóteses do § 1º, art. 18, art. 19 e art. 20, do CDC.

DIREITO DE ARREPENDIMENTO

Outro aspecto importante a ser brevemente abordado no presente estudo é o direito de arrependimento, consagrado no art. 49 do Código Consumerista, segundo o qual o consumidor pode desistir do contrato, no prazo de 7 (sete) dias a contar da assinatura ou do ato de recebimento do produto ou serviço, sempre que a contratação ocorrer fora do estabelecimento comercial, especialmente por telefone ou a domicílio.

Este prazo conta-se da assinatura do contrato ou do recebimento do produto ou serviço, aplicando-se supletivamente a regra do art. 132 do Código Civil: exclui-se o dia do começo e inclui o último. Se a contagem inicial for domingo ou feriado, posterga-se sua contagem para o primeiro dia útil subsequente; da mesma forma, se o último dia recair no domingo ou feriado, posterga-se sua contagem para o primeiro dia útil subsequente.

Os valores eventualmente pagos, a qualquer título, neste prazo, deverão ser devolvidos ao consumidor imediatamente e devidamente atualizados.

O efeito do direito de arrependimento é *ex tunc*, pois retroage ao início do contrato para caracterizá-lo como nunca tendo existido, repondo as partes ao *status quo ante*.

A doutrina e jurisprudência seguem a determinação legal, sendo unânimes quando afirmam que, em havendo dúvidas sobre a forma de captação da vontade do consumidor ou da relação jurídica em si, o contrato firmado será interpretado de forma mais favorável ao consumidor.

DAS PRÁTICAS ABUSIVAS

O art. 39 do CDC[64] estabelece, em rol meramente exemplificativo, algumas práticas abusivas, cuja inobservância implica a nulidade de pleno direito daquelas, nos termos do art. 51 e 53 do CDC.

Outras práticas estão espalhadas pelo corpo da lei, vedando ao fornecedor, por exemplo, a exposição a ridículo do consumidor quando da cobrança de dívidas, a imposição ao consumidor da perda de prestações pagas quando da resolução dos contratos de compra e venda de móveis ou imóveis, bem como nas alienações fiduciárias, bem como obrigando-o à prévia comunicação de qualquer apontamento restritivo em cadastros de crédito.

Fundam-se tais providências no princípio da boa fé objetiva, traduzido no dever que possui todos que participem de uma relação negocial de agir com lealdade e cooperação, assim como no princípio da transparência, que é aquele que veda a prática de conduta ardilosa. Importa, ainda, mencionar o princípio do equilíbrio material, chamado também de princípio da equivalência, por meio do qual se busca preservar o equilíbrio contratual, mantendo-se a proporcionalidade dos direitos e obrigações contratados.

Por isso é que uma cobrança indevida, como prática abusiva que é, enseja para o consumidor a devolução em dobro daquilo que porventura tenha pago indevidamente.

O Decreto n. 6.523, de 31 de julho de 2008, regulamentando o CDC, fixou normas gerais sobre o Serviço de Atendimento ao Consumidor, estando em vigor desde 1º de dezembro de 2008, levando-se, pois, em consideração os princípios da dignidade, boa fé, transparência, eficiência, eficácia, celeridade e cordialidade.

---

[64] Art. 39. É vedado ao fornecedor de produtos ou serviços, dentre outras práticas abusivas: I - condicionar o fornecimento de produto ou de serviço ao fornecimento de outro produto ou serviço, bem como, sem justa causa, a limites quantitativos; II - recusar atendimento às demandas dos consumidores, na exata medida de suas disponibilidades de estoque, e, ainda, de conformidade com os usos e costumes; III - enviar ou entregar ao consumidor, sem solicitação prévia, qualquer produto, ou fornecer qualquer serviço; IV - prevalecer-se da fraqueza ou ignorância do consumidor, tendo em vista sua idade, saúde, conhecimento ou condição social, para impingir-lhe seus produtos ou serviços; V - exigir do consumidor vantagem manifestamente excessiva; VI - executar serviços sem a prévia elaboração de orçamento e autorização expressa do consumidor, ressalvadas as decorrentes de práticas anteriores entre as partes; VII - repassar informação depreciativa, referente a ato praticado pelo consumidor no exercício de seus direitos; VIII - colocar, no mercado de consumo, qualquer produto ou serviço em desacordo com as normas expedidas pelos órgãos oficiais competentes ou, se normas específicas não existirem, pela Associação Brasileira de Normas Técnicas ou outra entidade credenciada pelo Conselho Nacional de Metrologia, Normalização e Qualidade Industrial (Conmetro); IX - recusar a venda de bens ou a prestação de serviços, diretamente a quem se disponha a adquiri-los mediante pronto pagamento, ressalvados os casos de intermediação regulados em leis especiais; X - elevar sem justa causa o preço de produtos ou serviços. XII - deixar de estipular prazo para o cumprimento de sua obrigação ou deixar a fixação de seu termo inicial a seu exclusivo critério; XIII - aplicar fórmula ou índice de reajuste diverso do legal ou contratualmente estabelecido. Parágrafo único. Os serviços prestados e os produtos remetidos ou entregues ao consumidor, na hipótese prevista no inciso III, equiparam-se às amostras grátis, inexistindo obrigação de pagamento.

Desta forma, em havendo a prática de qualquer das condutas iníquas e abusivas, ofensivas, pois, a qualquer dos direitos e garantias do consumidor e princípios norteadores da legislação consumerista, autoriza que este ingresse com uma ação requerendo a suspensão do ato, a imediata declaração da sua abusividade e a reparação dos danos que porventura tenha sofrido, sem embargo das sanções previstas no art. 56 do Código Consumerista e da caracterização de infração penal pelo fornecedor.

Imperioso esclarecer que não se olvide da possibilidade do consumidor, em sede das tutelas inibitória, preventiva, executiva e reintegratória, todas elas voltadas contra o ilícito, de obter a efetiva tutela jurisdicional através dos instrumentos contidos nos arts. 461 do CPC e 84 do CDC, e, assim, proteger direitos individuais, coletivos e difusos.

Desta forma, terá o consumidor direito à tutela específica da obrigação ou, ao menos, a obtenção do resultado prático equivalente ao do adimplemento, uma vez que situações existem que a simples conversão em perdas e danos é completamente inadequada em se tratando de direitos não-patrimoniais ou daqueles que, mesmo patrimoniais, sejam de difícil quantificação.

Para tanto, o consumidor poderá pleitear judicialmente providências processuais, como a concessão de tutela liminar, de imposição de multa diária ao réu para o cumprimento de determinada obrigação, e todas aquelas medidas elencadas no § 5° do art. 84 do CDC, as quais, de ofício, poderão ser determinadas pelo juiz, tais como busca e apreensão, remoção de coisas e pessoas, desfazimento de obra, impedimento de atividade nociva, e requisição de força policial.

CONCLUSÃO

À guia de conclusão do presente trabalho, cujo objetivo de longe foi esgotar o tema, mas informar a todos aqueles que fazem parte de uma relação negocial, sobretudo como consumidor, se faz mister que se crie uma consciência coletiva de que estas normas consumeristas devem ser irrestritamente obedecidas.

Deve-se, no entanto, para a consecução dos fins almejados pelo legislador, partir-se da premissa básica de que o CDC, pela sua natureza, serve à proteção do consumidor, que é claramente parte hipossuficiente na relação com o fornecedor.

5) TRÍADE: MENOR, IDOSO E MULHER. ANÁLISE CRÍTICA DOS ESTATUTOS DE PROTEÇÃO AOS HIPOSSUFICIENTES

Fabiano Samartin Fernandes[*]

INTRODUÇÃO

O presente trabalho visa analisar o Estatuto da Criança e do Adolescente, o Estatuto do Idoso e a Lei Maria da Penha, três legislações distintas, que têm como objetivo a proteção de determinados grupos de pessoas, hipossuficientes, à luz da Constituição Federal de 1988.

A criança é um ser humano no início de seu desenvolvimento, dividindo-se em recém-nascida, que vai do nascimento até um mês de idade; bebê, entre o segundo e o décimo-oitavo mês, e criança, quando têm entre dezoito meses até onze anos de idade completos. O adolescente tem entre doze e dezoito anos de idade incompletos. Independente da faixa etária e classificação, todos têm proteção do Estatuto da Criança e do Adolescente.

O idoso, de acordo classificação da Organização Mundial de Saúde, são as pessoas com mais de 65 anos em países desenvolvidos, e com mais de 60 anos de idade em países em desenvolvimento. A expectativa de vida do brasileiro, de acordo a OMS, é de 68 anos para os homens e de 75 anos para as mulheres. Para todos os efeitos, o Estatuto do Idoso considera e protege as pessoas com idade igual ou superior a 60 anos.

A mulher, por sua vez, é aquela pessoa do sexo feminino, biologicamente definida. A Lei Maria da Penha protege todas as mulheres, sem distinção de idade, o que engloba a criança e a idosa, desde que do sexo feminino. Além do que, a proteção é integral, mas para os casos de violência doméstica, como se verá adiante.

O legislador entendeu em proteger estes três grupos de indivíduos hipossuficientes, pessoas que não são auto-suficientes, que estão em desequilíbrio em relação a outro grupo.

Assim, buscar-se-á, partindo de premissas de índole constitucional, demonstrar que o atual ordenamento está em conflito, pelo menos aparente, devendo a doutrina e a jurisprudência trazer as soluções para a integração das normas e dos estatutos.

A Constituição Federal de 1988 consagrou como princípio básico a igualdade, pilar de qualquer Estado Democrático de Direito. Este princípio é visto sob dois aspectos: formal e material; o primeiro consiste na igualdade de todos perante a lei, enquanto o segundo diz respeito à igualdade na lei. O que

---

[*] *Advogado, Coordenador Jurídico da AGEPOL/CENAJUR, pós-graduando em Ciências Criminais e Sócio do IBCCRIM – Instituto Brasileiro de Ciências Criminais.*

pode ser sintetizado da seguinte maneira: tratar os desiguais de forma desigual para se atingir a igualdade.

Importante trazer a conceituação do princípio da igualdade para uma melhor compreensão do tema proposto, qual seja, análise dos estatutos do menor, do idoso e da mulher, como já dito, grupos de pessoas hipossuficientes sob o prisma constitucional.

Outros princípios que serão analisados no presente estudo é o princípio da proporcionalidade e o princípio da razoabilidade, implícitos na Constituição Federal.

ESTATUTO DA CRIANÇA E DO ADOLESCENTE

O art. 227, da Constituição Federal dispõe que é dever da família, da sociedade e do Estado assegurar à criança e ao adolescente, com absoluta prioridade, o direito à vida, à saúde, à alimentação, à educação, ao lazer, à profissionalização, à cultura, à dignidade, ao respeito, à liberdade e à convivência familiar e comunitária, além de colocá-los a salvo de toda forma de negligência, discriminação, exploração, violência, crueldade e opressão.

Assim, com base na norma constitucional acima, foi criado o Estatuto da Criança e do Adolescente (ECA), introduzido no ordenamento jurídico pátrio pela Lei n. 8.069, de 13 de julho de 1990, regulando toda a matéria atinente à infância e a juventude, para a proteção integral dos menores de idade, ou seja, àqueles que possuem até 18 anos incompletos, nos termos do art. 2º, do Estatuto da Criança e do Adolescente.

A lei criou mecanismos de proteção na defesa dos menores, quando a agressão praticada contra estes e seus agressores forem os pais ou responsáveis, os quais poderão incorrer em sanções administrativas, civis e penais; dentre as sanções mais severas encontra-se a perda ou suspensão do poder familiar, de natureza não penal, nos termos do art. 129, inciso X, do ECA.

Por outro lado, os agressores estarão sujeitos às sanções penais, dispostas na própria legislação e no Código Penal, havendo o legislador, para determinados crimes, em virtude das peculiaridades, incluído causas de aumento, quando os delitos forem perpetrados contra menores, presunção absoluta de incapacidade, como por exemplo, nos crimes contra os costumes em que há presunção de violência quando a vítima não é maior de quatorze anos (art. 224, do CP).

O art. 130, do diploma legal de proteção da criança e do adolescente, determina que quando for verificada a hipótese de maus-tratos, opressão ou abuso sexual impostos pelos pais ou responsável, a autoridade judiciária, como medida cautelar, poderá determinar o afastamento do agressor da moradia comum.

O ECA trouxe ainda formas de responsabilização do adolescente por ato infracional, na medida em que a lei dispõe que o menor de idade é inimputável, àquele a quem não se imputa pena, portanto, não pratica crime (art. 228, da CF). Contudo, não significa que esteja imune a qualquer forma de sanção, pelo contrário, o menor (adolescente) que comete ato infracional poderá sofrer medidas sócio-educativas, dentre as quais advertência e internação em estabelecimento educacional, medida consistente em privação da liberdade, sujeita aos princípios de brevidade, excepcionalidade e respeito à condição peculiar de pessoa em desenvolvimento, consoante art. 121, do Estatuto da Criança e do Adolescente.

Os crimes definidos nesta legislação são de ação pública incondicionada, isto é, se processam mediante denúncia oferecida por promotor de justiça. Aplicam-se aos crimes definidos nesta Lei as normas da parte geral do Código Penal e, quanto ao processo, as pertinentes ao Código de Processo Penal.

Dessa maneira, o Estatuto da Criança e do Adolescente tem natureza dúplice, protege o menor e o responsabiliza por condutas anti-sociais.

ESTATUTO DO IDOSO

O Estatuto do Idoso, criado pela Lei n. 10.741, de 1º de outubro de 2003, visa a proteção das pessoas com idade igual ou superior a 60 anos, trazendo no seu contexto benefícios a estes, dentre os quais, garantia de prioridade no atendimento junto aos órgãos públicos e privados prestadores de serviços à população, além da prioridade na tramitação dos processos e procedimentos e na execução dos atos e diligências judiciais em que figure como parte ou interveniente, em qualquer instância.

O art. 230, da CF, estabelece que a família, a sociedade e o Estado têm o dever de amparar as pessoas idosas, assegurando sua participação na comunidade, defendendo sua dignidade e bem-estar e garantindo-lhes o direito à vida.

O estatuto estabeleceu crimes tendo como sujeito passivo os idosos, sendo que, de acordo com o art. 94 do referido estatuto, aos crimes previstos nesta lei, cuja pena máxima privativa de liberdade não ultrapasse 4 anos, aplica-se o procedimento previsto na Lei n. 9.099/1995, que trata dos Juizados Especiais Criminais, e a possibilidade de transação penal e de aplicação de penas alternativas, que não privativa de liberdade, como o pagamento de cestas básicas ou prestação de serviço comunitário pelo autor do fato.

Sobre a aplicação da Lei dos Juizados Especiais nos crimes cuja pena máxima privativa de liberdade não ultrapasse 4 anos quando o idoso seja vítima, abre-se uma porta perigosa, pois amplia o conceito de crime de menor potencial ofensivo, pelo menos no que diz respeito aos idosos, independentemente em que legislação esteja prevista, seja o Código Penal ou qualquer outra lei extravagante.

Corrobora esse entendimento pela seguinte circunstância: a intenção do legislador é que a pessoa idosa possa ver o resultado do crime do qual foi vítima, ou seja, a resposta dada pelo Estado-

Juiz ao dito autor do fato delituoso, mesmo que não seja aplicada nenhuma pena, como nos casos que se resolvem pela composição dos danos civis e transação penal.

É cediço que o Direito Penal tem como uma de suas fontes a analogia. A analogia é uma forma de auto-integração da norma e que consiste na aplicação, em caso de lacuna ou falha na lei, de disposição legal relativa a caso semelhante. Assim, é perfeitamente possível a aplicação da analogia *in bonam partem*, que visa uma interpretação da lei penal que se evite a chegar a soluções absurdas, ou teratológicas, e que, indubitavelmente é mais benéfica ao agente.

Dessa forma, fundamentado nesse posicionamento acima, é perfeitamente aplicável o procedimento da Lei dos Juizados Especiais a todos os crimes cometidos contra idosos e cuja pena máxima privativa de liberdade não seja superior a 4 anos, independente da legislação que se encontre a conduta típica.

A lei autoriza o Poder Público criar varas especializadas e exclusivas do idoso, bem como que será aplicado, subsidiariamente, ao Estatuto, o procedimento sumário previsto no Código de Processo Civil.

O Estatuto do Idoso assegurou prioridade na tramitação dos processos e procedimentos e na execução dos atos e diligências judiciais em que figure como parte ou interveniente pessoa com idade igual ou superior a 60 anos, em qualquer instância. Para a obtenção da prioridade, o interessado, fazendo prova de sua idade, requererá o benefício à autoridade judiciária competente para decidir o feito, que determinará as providências a serem cumpridas, anotando-se essa circunstância em local visível nos autos do processo.

De acordo com a lei, a prioridade se estende aos processos e procedimentos na Administração Pública, empresas prestadoras de serviços públicos e instituições financeiras, ao atendimento preferencial junto à Defensoria Publica.

Os crimes definidos pelo Estatuto do Idoso são de ação penal pública incondicionada. Nesses crimes não se aplicam o disposto nos arts. 181 e 182 do Código Penal, ou seja, nos crimes contra o patrimônio, furto e roubo, como, por exemplo, quando o idoso for vítima do esposo ou esposa ou do próprio filho, estes responderão pelo crime.

Pelo art. 95 fica evidente que os crimes contra idosos serão todos de iniciativa do promotor de justiça, e não só os definidos pelo Estatuto, pois a parte final da norma amplia o seu âmbito de abrangência ao excluir os artigos 181 e 182 do Código Penal. Se não fosse para ser aplicado em toda a legislação, não precisaria da ressalva feita na lei. Esse é o entendimento.

Igualmente ao estabelecido pelo legislador em relação à proteção do menor, o idoso também mereceu proteção integral.

LEI MARIA DA PENHA

O art. 226, § 8º, da Constituição Federal, determina que o Estado assegure a assistência à família na pessoa de cada um dos que a integram, criando mecanismos para coibir a violência no âmbito de suas relações.

Em 07 de agosto de 2006, foi sancionada a Lei n. 11.340, mais conhecida como Lei Maria da Penha, criando mecanismos para coibir a violência doméstica e familiar contra a mulher, de acordo com o que se extrai da sua ementa.

A Lei Maria da Penha, assim denominada para homenagear a cearense Maria da Penha, mulher, vítima de violência doméstica praticada pelo ex-marido, que tentou matá-la algumas vezes, deixando-a paraplégica.

A violência doméstica e familiar contra a mulher se configura com qualquer ação ou omissão baseada no gênero que lhe cause morte, lesão, sofrimento físico, sexual ou psicológico e dano moral ou patrimonial.

Para a incidência da lei, a relação entre agredida e agressor deve se dar no âmbito da unidade doméstica, compreendida como o espaço de convívio permanente de pessoas, com ou sem vínculo familiar, inclusive as esporadicamente agregadas, seja no âmbito da família, compreendida como a comunidade formada por indivíduos que são ou se consideram aparentados, unidos por laços naturais, por afinidade ou por vontade expressa; ou, em qualquer relação íntima de afeto, na qual o agressor conviva ou tenha convivido com a ofendida, independentemente de coabitação.

Dessa maneira, caso não se tenha qualquer relação entre agredida e agressor não será aplicado os dispositivos da Lei Maria da Penha, já que prevista, tão-somente, nos casos de violência doméstica. Tal assertiva é de fundamental importância, pois a lei não protege as mulheres de forma indiscriminada, mas aquelas que tenham uma relação doméstica com o agressor ou agressora.

A lei protege a mulher em situação de violência doméstica, mesmo que outra mulher seja a agressora.

Assim, constatada a prática de violência doméstica e familiar contra a mulher, o juiz, a pedido da ofendida ou a requerimento do Ministério Público, poderá aplicar, de imediato, ao agressor, em conjunto ou separadamente, medidas protetivas de urgência.

Tais medidas protetivas de urgência consistem na suspensão da posse ou restrição do porte de arma de fogo, com comunicação ao órgão competente, como nos casos dos policiais militares; afastamento do lar, domicílio ou local de convivência com a ofendida; proibição de determinadas condutas, entre as quais: a) aproximação da ofendida, de seus familiares e das testemunhas, fixando o limite mínimo de distância entre estes e o agressor, b) contato com a ofendida, seus familiares e testemunhas por qualquer meio de comunicação, c) frequentação de determinados lugares a fim de preservar a integridade física e psicológica da ofendida; restrição ou suspensão de visitas aos dependentes menores, ouvida a equipe de atendimento multidisciplinar ou serviço similar; prestação de alimentos provisionais ou provisórios.

As medidas acima referidas não impedem a aplicação de outras previstas na legislação em vigor, sempre que a segurança da mulher ofendida ou as circunstâncias assim exigirem.

A lei prevê a criação dos Juizados de Violência Doméstica e Familiar contra a Mulher, que acumularão as competências cível e criminal.

Diferentemente do quanto estatuído no Estatuto da Criança e o do Adolescente e Estatuto do Idoso, o legislador, nos arts. 17 e 41 da Lei Maria da Penha, dispôs que não se aplica aos crimes cometidos com violência doméstica e familiar contra a mulher, independente da pena cominada, a Lei n. 9.099/1995, a Lei dos Juizados Especiais, de onde se pode concluir que o legislador procurou proteger mais rigorosamente a mulher, no caso de violência doméstica e familiar contra a mesma.

No âmbito dos Juizados de Violência Doméstica e Familiar contra a Mulher, não é possível a aplicação de penas de pagamento de cesta básica ou outras de prestação pecuniária, bem como não se pode substituir pena que implique o pagamento isolado de multa.

Prevê ainda que nas ações penais públicas condicionadas à representação da ofendida, só será admitida a renúncia à representação perante o juiz, em audiência especialmente designada com tal finalidade, antes do recebimento da denúncia e ouvido o membro do Ministério Público.

Dessa maneira, em que pese necessária, a legislação que protege a mulher em relação ao seu companheiro se mostra um tanto rígida, principalmente quando analisada com os outros dois estatutos de proteção aos hipossuficientes, como adiante se verá.

LEI MARIA DA PENHA *VERSUS* ESTATUTOS DA CRIANÇA E DO ADOLESCENTE E DO IDOSO

Em que pese a Lei Maria da Penha ter sido criada com o intuito de gerar mecanismos para coibir a violência doméstica e contra a mulher, o que é louvável, na medida em que é uma forma de diminuir a violência, mesmo que seja apenas contra a mulher, ao ingressar no ordenamento jurídico a Lei passa a ser analisada sob o prisma de outras leis, em especial a Constituição Federal.

Há autores que defendem a inconstitucionalidade da Lei Maria da Penha, sob o argumento de que ofende o princípio da isonomia entre homem e mulher, na medida em que a Constituição (art. 5°, inciso II) veda qualquer ato discriminatório referente ao gênero.

Data venia, esse entendimento não é correto, pois o princípio da igualdade, como dito, pilar fundamental do Estado Democrático de Direito, consiste basicamente em interferir na realidade fática, quando necessário, a fim de equilibrar as relações entre os indivíduos (conceito jurídico da igualdade material). Estatisticamente a violência doméstica contra a mulher tem altos índices. Com efeito, a fim de equilibrar essa relação, e dar efetividade ao princípio da igualdade, o legislador criou uma lei para coibir a referida violência.

Dessa maneira, analisando a diferença de gênero, homem *versus* mulher, não há qualquer ofensa a Constituição Federal de 1988.

Contudo, não significa dizer que a Lei Maria da Penha, ora em comento, seja irrefutavelmente ilesa de qualquer violação aos princípios constitucionais. Para tanto, faz-se necessário a análise de outros dois estatutos, Estatuto da Criança e do Adolescente e Estatuto do Idoso, acima mencionados, além da própria Constituição Federal.

Observe-se o seguinte exemplo: prática de crime de lesão corporal leve contra a criança, contra o idoso e contra a mulher, por óbvio, os dois primeiros praticados contra meninos e velhos, ambos do sexo masculino.

O art. 129, § 9º, do Código Penal, estabelece o crime de lesão corporal praticada contra ascendente, descendente, irmão, cônjuge ou companheiro, ou com quem conviva ou tenha convivido, ou, ainda, prevalecendo-se o agente das relações domésticas, de coabitação ou de hospitalidade, determinando pena de detenção de três meses a três anos.

O crime contra o menor (independente da idade), em situação de relação doméstica, seria da competência da Vara Criminal especializada na Infância e Juventude, contudo o agressor poderá contar com a suspensão condicional do processo, estabelecida no art. 89, da Lei dos Juizados Especiais, eis que a pena mínima em abstrato é inferior a 01 ano. Entretanto, não terá direito a extinção da punibilidade pela composição dos danos civis, nem a transação penal.

A mesma conduta contra um idoso, causando-lhe lesão, também em situação de relação doméstica, será da competência da Vara Criminal, todavia o acusado terá direito a todos os benefícios da Lei dos Juizados Especiais, dentre os quais a composição dos danos civis, a transação penal com a prestação de serviços comunitários ou pagamentos de cestas básicas, a suspensão condicional do processo. Assim, dificilmente o agressor será recolhido preso.

Por sua vez, a mesma lesão causada no menor ou no idoso sendo feita numa mulher, no âmbito da relação familiar, as consequências serão outras, e mais severas. A competência para o processamento e julgamento será do Juizado de Violência Doméstica e Familiar contra a Mulher, contudo, em que pese tratar-se de juizado, a Lei dos Juizados Especiais não se aplica, por expressa disposição legal contida no art. 41, da Lei Maria da Penha. Assim, o agressor deverá responder ao processo sem direito a nenhum benefício acima referido, nem mesmo a suspensão condicional do processo, além da possibilidade de sua autuação em flagrante delito, acaso preenchidos os requisitos legais da prisão encontrados na Constituição Federal e no Código de Processo Penal, ou, ainda, preso provisoriamente, em virtude de prisão preventiva decretada pelo Juiz.

Para ilustrar, imagine no presente caso hipotético tratar-se de um menor com 10 anos, um idoso de 90 anos e uma mulher de 30 anos. A solução mais branda para o agressor será o crime contra o idoso, que, em tese, o que demandaria uma maior proteção do Estado, por outro lado, a mulher é que teria mais condições hipotéticas para defender-se, é que teria uma tutela especial do Estado, com mais rigor para o agressor.

Outro exemplo que parece irrazoável e desproporcional é quando se trata do crime de injúria. O xingamento com o intuito de ofender a dignidade e o decoro das mesmas pessoas da hipótese acima descrita acarretaria consequências diversas, umas mais brandas, outras mais severas.

Tratando-se de menor, o crime é o previsto do art. 140, *caput*, do Código Penal, que impõe a pena de detenção de 1 a 6 meses. Dessa maneira, o autor do fato teria todos os benefícios da Lei n. 9.099/1995, por tratar-se de crime de menor potencial ofensivo (composição dos danos civis, transação penal, suspensão condicional do processo e termo circunstanciado).

Sendo o idoso a vítima do crime de injúria, este será qualificado, ou seja, o delito é considerado mais grave, passando a pena para reclusão de 1 a 3 anos e multa. Ainda que não se trate de crime de menor potencial ofensivo, por disposição legal, deverá ser aplicada a Lei dos Juizados Especiais, e todos os seus benefícios despenalizadores.

Por sua vez, se a mesma ofensa for dirigida a uma mulher, as consequências serão as mais drásticas possíveis, visto que o sujeito poderá ser preso em flagrante delito, pois não se sujeita a Lei dos Juizados Especiais, e, assim, não terá direito a nenhum daqueles benefícios, mesmo sendo a pena a ser aplicada em abstrato de detenção de 1 a 6 meses.

Assim, demonstra-se flagrante inconstitucionalidade, o crime mais grave (injúria qualificada contra idosos) com pena mais branda do que crime simples (injúria contra mulher). Querendo o homem ofender a mulher, poderá dirigir a ofensa ao pai ou avô desta, na medida em que as consequências serão distintas, e mais benéficas ao agressor, pois o sujeito passivo do crime não será a mulher, mas o seu ascendente (independente da idade deste; se menor de 60 anos, o crime é de injúria simples, se maior de 60 anos de idade, o crime será de injúria qualificada, mas em ambos os casos serão aplicados a Lei dos Juizados Especiais).

O art. 13 da Lei Maria da Penha estabelece que o processo, quando tratar-se de violência doméstica e familiar contra a mulher, aplicará as normas dos Códigos de Processo Penal e Processo Civil e da legislação específica relativa à criança, ao adolescente e ao idoso.

Pelo princípio da simetria e reciprocidade das normas, além da isonomia, aplicando-se ao Estatuto da Mulher as normas do Estatuto do Menor e do Idoso, por certo, deverá ser aplicado nestes o quanto disposto na Lei Maria da Penha.

Assim, chega-se a seguinte conclusão, ou os arts. 17 e 41 da Lei Maria da Penha são aplicáveis ao Estatuto da Criança e do Adolescente e ao Estatuto do Idoso, ou estas normas são natimortas, em virtude de inconstitucionalidade.

Apesar de sua viabilidade legal, não se pode concordar com a primeira opção, pois viola o princípio da legalidade material, que impõe num Estado Democrático de Direito, adotando um modelo penal garantista, que deve ser obedecida não somente as formas e procedimentos impostos pela Constituição, mas também, e principalmente, o seu conteúdo, respeitando-se suas proibições e imposições para a garantia dos direitos fundamentais por ela previstos.

Diante de tais considerações, entende-se que a segunda opção, ou seja, os arts. 17 e 41 da Lei Maria da Penha são inconstitucionais, pois ofendem os princípios da igualdade, da razoabilidade e da proporcionalidade, todos encontrados na Constituição Federal de 1988, atacáveis tanto em sede de controle difuso quanto concentrado de constitucionalidade.

A inconstitucionalidade não consiste na diferença de gêneros, pelo contrário, apesar de muitos posicionamentos nesse sentido; as normas referidas são inconstitucionais a partir do momento em que se analisa as legislações elaboradas para a proteção de hipossuficientes, pois a lei fere a Constituição quando protege desproporcionalmente a mulher em relação a criança ou o idoso.

Por fim, a fim de estimular o debate, qual seria a consequência acaso o delito de lesão corporal leve praticado, em concurso formal, tivesse como sujeitos passivos o menor, o idoso e a mulher? Qual seria o Juízo competente para o processamento e julgamento do crime?

No presente caso, haveria a continência por cumulação objetiva (art. 77, II, do CPP), pela regra geral, haverá apenas um processo, um só julgamento. O art. 79, II, do mesmo diploma processual, estabelece como causa obrigatória de separação dos processos a existência do concurso entre a jurisdição comum e a do juízo de menores. Entretanto, não se aplica ao presente caso, posto que o juízo de menores referido na lei é aquele competente para o processamento e julgamento do menor infrator, e não o da criança e adolescente como vítima de crime.

Dessa maneira, o melhor entendimento é de que o Juizado de Violência Doméstica e Familiar contra a Mulher seja o Juízo competente para o processamento e julgamento do crime em que foram vítimas o menor, o idoso e a mulher, na medida em que o legislador tratou da competência do julgamento dos crimes contra a criança e o adolescente de forma relativizada, enquanto, pelo contrário, a competência para o julgamento dos crimes praticados contra a mulher seria absoluta, inclusive conferindo competência nas áreas civil e penal, além de possibilitar a aplicação das legislações específicas do menor e do idoso nas causas de competência dos Juizados de Defesa da Mulher.

CONCLUSÃO

O legislador tratou de maneira desproporcional e irrazoável a proteção da mulher em relação à proteção conferida ao idoso e ao menor. No primeiro caso, que se acredita ter a mulher melhores condições para defender-se, a lei é mais severa para o agressor; enquanto nos outros dois casos, a lei é mais benéfica.

6) A NOVA FAMÍLIA RECONSTITUÍDA E A OBRIGAÇÃO DO PADRASTO E DA MADRASTA DE PRESTAREM (ou prestar?) ALIMENTOS AO ENTEADO

*Ana Joeny Samartin Fernandes**

INTRODUÇÃO

O presente trabalho visa uma reflexão nas figuras do padrasto e madrasta, integrantes da família reconstituída, e a obrigação destes de prestar alimentos ao enteado.

Padrasto e madrasta são os indivíduos que ocupam o lugar de pai e mãe, respectivamente, em relação aos filhos que seu companheiro ou sua companheira teve de união anterior.

Assim, sem a pretensão de esgotar o tema, serão apontados argumentos que demonstram que, com o advento da Constituição Federal de 1988, não há como prevalecer o entendimento, até então dominante na doutrina e jurisprudência, que sustenta que os padrastos ou madrastas e enteados, integrantes da família reconstituída, não podem se firmar como um grupo parental, para terem legitimidade para atuar frente aos conflitos que norteiam essa convivência familiar.

O conceito de família, da forma que foi concebida na Constituição Federal de 1988, foi essencial para atender algumas das expectativas da sociedade em evolução, pois trouxe a proteção da dignidade da pessoa humana, no qual defende a sociedade em sua totalidade não homogênea, mas sim plural e complexa.

Como se verá, do princípio constitucional da dignidade da pessoa humana emerge o princípio da afetividade.

AMBIENTE FAMILIAR. DIREITO FUNDAMENTAL DOS SEUS INTEGRANTES

A família hoje cumpre um papel funcionalizado, devendo esse ambiente contribuir para promover a dignidade da pessoa humana, assim como ajudar para que os seus membros se integrem e busquem o alicerce fundamental para a felicidade.

Impondo a Constituição respeito à dignidade da pessoa humana, são, então, alvos de proteção os relacionamentos afetivos independentemente da sua constituição familiar.

O art. 227, § 4º, da Constituição Federal, estabelece que a entidade familiar é aquela formada por qualquer dos pais e seus descendentes.

Nesta evolução legal, não há como se negar que a expressão *entidade familiar*, citada pelo dispositivo constitucional, deve ser interpretada de forma ampla, de tal modo a abranger qualquer modelo familiar – até porque o art. 3º, inciso I, da CF/88 estabelece como objetivo fundamental da República Federativa do Brasil a construção de uma sociedade livre, justa e solidária. E a família reconstituída não é uma constituição familiar estranha ou enigmática à sociedade.

Para a sociedade brasileira, o objetivo do legislador constituinte de 1988, ao assentar a solidariedade como um dos princípios constitucionais, foi, por óbvio, proteger e assegurar uma sociedade familiar fraterna.

---

* *Cientista Social e Graduada em Direito.*

Por sua orientação atual, as famílias reforçam sua importância na vida social. Desde o século XIX, que a solidariedade impôs-se como um paradigma capaz de ultrapassar o individualismo, ligado, por essa razão, também à sociologia. Nessa perspectiva, ganhou evidência a solidariedade social, que ocupa o lugar de vínculo jurídico na democracia. Nesse passo, o escopo principal da família é a solidariedade social e demais condições necessárias para a proteção da pessoa humana.

Trata-se, portanto, da afirmação de uma teoria constitucional, que cuida dos direitos individuais e sociais, assim como das necessidades humanas reais e concretas. Com isso, a Carta Magna passa a demarcar os limites do Código Civil, principalmente aqueles atinentes à proteção dos núcleos familiares.

A partir daí, deixa a família de ser compreendida como entidade de produção (econômica e reprodutiva), avançando para uma compreensão de afeto e de ajuda mútua.

Desse evidente avanço, que marca a perspectiva da solidariedade, decorrem novas representações sociais e os novos arranjos familiares, que surgem no cenário social para cumprirem suas funções, como entidades aptas a promoverem a transmissão da cultura e a concretização da dignidade da pessoa humana, pelo menos nesse particular.

Ao lado dessas razões, uma outra informação contemporânea para a questão da compreensão da família, é que ela hoje se apresenta sob tantas e diversas formas, quantas forem às possibilidades de se relacionar.

Com essa democratização no ambiente familiar, é licito dizer que existe o reconhecimento da família que se constitui através de uma recomposição afetiva, no qual um dos adultos traz filhos de um relacionamento anterior, ou seja, as famílias em que os adultos são também denominados de "padrasto ou madrasta" ou "pai e mãe afim".

Dessa forma, qualquer que seja hoje a forma de constituição familiar, esta deve estar voltada para um ambiente em que se desenvolva a dignidade de seus integrantes como pessoas humanas, conforme os contornos constitucionais, e visando sempre o bem estar de todos e a vida em sociedade.

O AFETO E AS POSSIBILIDADES DE CONVIVÊNCIA

O novo Direito de Família traz, como motor propulsor para a afirmação da dignidade da pessoa humana, os laços de afetividade. Nesse momento, as conceituações de família ganham um novo elemento identificador, "o grau de felicidade do sujeito". O afeto é quem vai nortear para que a pessoa se organize e se desenvolva para buscar as formas de realização pessoal, com o objetivo de preservar a vida (DIAS, 2007, p. 52).

Deve-se, portanto, tentar hoje definir a família vislumbrando as possibilidades de convivência, abalizadas pelo afeto e pelo amor, edificada em cima de outros subsídios, não só o do casamento, mas também nas outras formas de relações familiares existentes no cenário da sociedade, até porque todos os modelos de famílias necessitam cumprir as mesmas funções no ambiente social.

Afetividade, segundo se extrai do Dicionário Aurélio Eletrônico – Século XXI, é "um conjunto de fenômenos psíquicos que se manifestam sob a forma de emoções, sentimentos e paixões, acompanhados sempre da impressão de dor ou prazer, de satisfação ou insatisfação, de agrado ou desagrado, de alegria ou tristeza." Este conceito é muito utilizado na psicologia. Nessa linha de pensamento, é forçoso reconhecer que afeto, carinho, amor, atenção etc., são sentimentos incorpóreos, e, dessa forma, não pode a ordem jurídica impor a nenhuma pessoa. Na verdade, essas emoções fazem parte da vontade pessoal de cada um ser humano.

O afeto não tem origem biológica ou genética, mas os seus laços derivam da convivência, tal como a solidariedade. Para a entidade familiar, o importante são os laços afetivos, mais até que o laço biológico. Isso porque, no momento atual, a família deixa de ser compreendida como núcleo econômico e reprodutivo, passando a uma compreensão de unidade socioafetiva.

Sendo assim, nada é mais importante, para a família que a proteção da dignidade da pessoa humana e a preservação da felicidade.

O PRINCÍPIO DA AFETIVIDADE E A CONSTITUIÇÃO FEDERAL

O princípio da afetividade emerge do princípio da dignidade da pessoa humana, de índole constitucional, esboçado no art. 1º, inciso III, da Constituição Federal.

O filósofo alemão Immanuel Kant, em lição que continua atual, conceituou a dignidade como aquilo que é inestimável, que é indisponível, que não pode ser objeto de troca que se tem um preço:

> No reino dos fins tudo tem ou um preço ou uma dignidade. Quando uma coisa tem um preço, pode-se pôr em vez dela qualquer outra como equivalente; mas quando uma coisa está acima de todo o preço, e portanto, não permite equivalente, então tem ela dignidade (LOBO, 2004, p. 01).

Assim, a dignidade da pessoa humana é essencial e intrínseco a todas as pessoas, independente de origem, impondo-se necessariamente um dever de respeito.

Como dito, o princípio da afetividade tem fundamento constitucional, emergindo do macroprincípio da dignidade da pessoa humana. Ainda de acordo com a Constituição Federal, a afetividade é que fundamenta a família como grupo social.

Há, porém, outros dois fundamentos constitucionais que são essenciais ao princípio da afetividade:

a) todos os filhos são iguais, independentemente de sua origem (art. 227, §§ 5º e 6º);

b) a comunidade formada por qualquer dos pais e seus descendentes, incluindo-se os adotivos, tem a mesma dignidade de família constitucionalmente protegida (art. 226, § 4º).

Cabe aqui informar que, no ordenamento jurídico pátrio, há igualdade entre filhos biológicos e adotivos, desconstituindo a origem da filiação baseada na genética, apenas. Assim, o que há de comum na concepção de família atual é que a relação existente entre pais e filhos está fundada no afeto.

Importante esclarecer que o conceito de família está mudando, sendo a Constituição Federal a propulsora dessa evolução. Dessa maneira, de acordo com Rodrigo Collares Duarte (2004, p. 01) sabe-se que:

> [...] a estrutura familiar constitui um 'estar' de afetividade mútuo entre todos que a integram, abraçando, para tanto, a diversidade. Com isso fica mais claro o motivo da **desbiologização** e a concepção de paternidade socioafetiva. O art. 226 § 7° da Constituição Federal pôs fim à preeminência da paternidade biológica, trazendo a noção de paternidade responsável, 'o direito da filiação não é somente o direito da filiação biológica, mas é também o direito da filiação vivida. (grifos no original)

Das lições dos juristas Pontes de Miranda, Orlando Gomes e Silvio Rodrigues extrai-se que a família é uma união de pessoas ligadas pelo vínculo da consangüinidade (Sem trema), cônjuges e prole. Tal conceituação está distante da realidade da sociedade atual. Hoje, a família é baseada no afeto, e quando se fala em afeto, está se falando em amor.

Enfim, a ideia de família é construída hoje a partir de valores que sobrelevam o ser humano, sendo a dignidade da pessoa humana, o centro de todo o sistema jurídico. Portanto, o ambiente familiar é o lugar propício para o desenvolvimento dos aspectos mais positivos do ser humano, quais sejam, a solidariedade, a ajuda mútua e os laços afetivos.

PATERNIDADE E MATERNIDADE SOCIOAFETIVAS

Impõe-se a distinção acerca do que existe em comum entre as expressões Pai e Padrasto (padrasto – expressão utilizada no Código Civil no art. 1.962, III). Talvez a resposta mais evidente fosse sua referência a função que cada um ocupa na relação familiar. Esses dois termos fariam, assim, alusão, de forma ampla e contemporânea, ao termo paternidade, que é a condição daquele que é pai, de igual forma que maternidade é a condição daquela que é mãe.

Pai, conforme o grau de parentesco, é o parente masculino de primeiro grau em linha reta, estabelecido por vínculo biológico. Busca-se, assim, conceituar o padrasto na mesma esteira do parentesco, que, por sua vez, é o parente masculino de primeiro grau em linha reta, estabelecido por vínculo de afinidade.

Conforme ensina Maria Berenice Dias (2007, p. 317),

> [...] Para a biologia, pai é unicamente quem, em uma relação sexual, fecunda uma mulher que, levando a gestação a termo, dá à luz um filho. Para o direito o conceito sempre foi diverso. Pai é o marido da mãe.

Assim explica Rodrigo Collares Duarte (2004, p. 01): "O pai, numa idéia sociológica, é a figura que sai de casa para buscar o sustento, estando dissociada da afetividade. [...]".

Para o professor Rodrigo da Cunha Pereira, a paternidade "é uma função exercida, ou, um lugar ocupado por alguém que não é necessariamente o pai biológico". Continua o autor "[...] o Direito brasileiro já deveria ter entendido que por mais que se queira atribuir uma paternidade pela via do laço biológico, ele jamais conseguirá impor que o genitor se torne pai".

Com a evolução da sociedade e o direito adaptando-se aos novos tempos, ampliou-se o conceito de paternidade e passou-se a enlaçar novas acepções para essa realidade social e verificou-se que não é só o fator biológico que prepondera na relação de paternidade, mas também a afetividade.

Frente a essa insinuação, Maria Berenice Dias (2007, p. 317) acrescenta:

> [...] Tal tendência decorre da visão sacralizada da família e da necessidade de sua preservação a qualquer preço, nem que para isso tenha de atribuir filhos a alguém, não por ser pai ou mãe, mas simplesmente para a mantença da estrutura familiar.

Nessa busca de transformações sociais gerais, o plano constitucional de 1988 produziu uma visão particular sobre a família e permitiu o avanço para uma compreensão socioafetiva e que possibilitou o surgimento de velhas/novas representações sociais. Juntando-se aí a figura do padrasto, da madrasta e do enteado no novo arranjo familiar.

Tudo isso pode não soar romântico diante dos interesses familiares, mas a verdade é que a paternidade, na mesma esteira do parentesco, possibilita que pai biológico e padrasto ocupem a posição paternal. Sendo que o pai biológico já vem com essa condição natural, enquanto que ao padrasto é estabelecido esse atributo, isto é, a qualidade de estar sendo pai.

Por outro lado, há uma simetria no que diz respeito ao parentesco. Parentesco é a relação que une duas ou mais <u>pessoas</u> por vínculos de <u>sangue</u> (<u>descendência</u>/<u>ascendência</u>) ou civis (sobretudo pelo <u>casamento</u>). O parentesco estabelecido mediante um <u>ancestral</u> em comum é chamado parentesco consangüíneo (Sem trema), enquanto que o criado pelo casamento e outras relações sociais recebe o nome de parentesco por afinidade. Chama-se de parentesco em linha reta, quando as pessoas descendem umas das outras diretamente. O grau em linha reta, por exemplo, faz-se, pelo número de gerações. Assim, o pai é parente de primeiro grau do filho; o avô é parente de segundo grau do neto. O parentesco na linha reta é infinito, não tendo fim o parentesco entre ascendentes e descendentes.

No mundo contemporâneo, o parentesco consangüíneo não é o único elemento a ser avaliado pelos juízes nas decisões que envolvem o direito de família, principalmente quando o assunto está relacionado a paternidade e parentesco. Os novos critérios para avaliação da existência da paternidade, hoje, levam em conta principalmente a questão da afetividade.

O parentesco por afinidade é, nesse caso, aquele vínculo que se estabelece entre cada cônjuge ou companheiro aos parentes do outro, também comporta a linha reta e conta-se do mesmo modo. Na linha reta, a afinidade não se extingue com a dissolução do casamento ou da união estável. Dessa forma, filho afim, vai ser sempre filho afim.

Nesse passo avançado de entendimento, é que cada vez mais os juízes estão destacando a importância do parentesco socioafetivo nas decisões pertinentes ao direito de família. O entendimento moderno é de que o parentesco socioafetivo e o parentesco biológico são conceitos diferentes e, portanto, a ausência de um não afasta a possibilidade de se reconhecer o outro.

Dessa forma, afirma-se também a questão do afeto para a compreensão da paternidade. Mais uma vez, Maria Berenice Dias (2007, p. 68) acrescenta que "a família transforma-se na medida em que se acentuam as relações de sentimentos entre seus membros, valorizam-se as funções afetivas da família [...]". Dessa forma, a autora sustenta a consagração do afeto como um verdadeiro direito fundamental, permitindo projeções do mais alto relevo, como, por exemplo, o reconhecimento da igualdade entre a filiação biológica e a filiação socioafetiva.

É nesse contexto que se estrutura a família reconstituída, como aquela concebida por pessoas advindas de uma outra família, ligada por laços sanguíneos, mas, sobretudo, por laços afetivos.

Sobre essa estrutura, Waldyr Grisard Filho (2007, p. 78) salienta: "[...] é a estrutura familiar originada do casamento ou da união estável de um casal, na qual um ou ambos de seus membros têm um ou vários filhos de uma relação anterior".

Essa estrutura familiar pode ser traduzida, de modo particular, com o uso de uma representação triangular – padrasto, madrasta e o enteado. Decorre daí, uma origem familiar, estabelecida pelo parentesco por afinidade entre esses integrantes. Dessas relações paterno-filiais, se evidencia um agrupamento em que suas bases se enlaçam ao princípio da afetividade.

No contexto da família reconstituída, o compartilhar de afeto é importante e particularmente permeável às condições sociais nas quais essas relações familiares se modelam com sua estrutura complexa, sobretudo permeável também aos contornos do sistema constitucional.

Acolhe-se, nesta hipótese, a proposta formulada por Paulo Luiz Netto Lobo (2004, p. 02), "o afeto não é fruto da biologia. Os laços de afeto e de solidariedade derivam da convivência e não do sangue [...]".

Nessa linha de intelecção, Waldyr Grisard Filho (2007, p. 85) salienta:

> Logo depois de uma separação, cada um dos genitores forma uma mini família com seu filho, que conformam uma história comum com regras que conservam da família anterior. Estas estrutura e história fazem com que o começo e o desenvolvimento de uma família reconstituída seja muito diferente que o de uma família biológica; novas núpcias, novos filhos, novas relações, padrastos, madrastas, enteados, enteadas, meio-irmãos.
> [...] Em seu processo de constituição implica reconhecer uma estrutura complexa, conformada por uma multiplicidade de vínculos e nexos, na qual alguns de seus membros pertencem a sistemas familiares originados em uniões precedentes. [...]

O padrasto, na perspectiva do princípio da afetividade, reflete, portanto, a própria mudança no perfil da condição de pai. A dimensão funcional dessa situação passa, então, a primar por guias institucionalizados.

Essa condição de padrasto ou pai afim, sem dúvida merece uma maior atenção do legislador ordinário, mormente nas questões concernentes à responsabilidade do padrasto em relação ao enteado (atribuições, autoridade), bem como na questão dos alimentos, da guarda e do nome, por exemplo.

É importante salientar que geralmente as pessoas que se vinculam a essa proposta de paternidade enlaçada pelo afeto têm alguma afinidade pessoal com a pessoa que quer reconhecer como filho como se seu fosse. E esse envolvimento afetivo acaba por gerar a posse do estado de filho.

Trazendo a representação triangular novamente para essa discussão, mas agora retirando a figura materna, e colocando o princípio da afetividade, tem-se, dessa forma, o seguinte perfil estrutural triangular – padrasto, enteado e a afetividade. Aqui se dispensa a figura da mãe. Com isso, não se quer dizer que ela não é importante e não faça parte desse fortalecimento dos laços vinculares afetivos. É que nessa linguagem impõem-se o denodo jurídico afetivo.

Entre as dificuldades encontradas para o reconhecimento dessa representação triangular estão a precariedade legal e as particularidades jurídicas para lidar com várias nuances que se apresentam em decorrência dessa relação.

Mas a doutrina e a jurisprudência como fontes do direito estabelecem que a família é o recinto envolvente e natural para o crescimento e o bem estar de todos os seus membros. Daí a necessidade de proteger e assegurar assistência a todos os membros familiares.

Contudo, na relação familiar padrasto e enteado, devido à ambiguidade e à geração de conflitos que surgem como consequência desse relacionamento, em que muitas vezes o padrasto na condição de pai não sabe se comportar como tal em relação ao enteado, a questão do vínculo afetivo aparece em desvantagem.

Sobre essas consequências ambíguas, assim acrescenta Waldyr Grisard Filho (2007, p. 129):

> [...] a convivência dia-a-dia gera situações que exigem alguma intervenção a respeito das crianças que coabitam com o adulto. Ou ainda, o cônjuge ou companheiro da mãe ou do pai não deseja compartilhar as funções parentais, mas quer ajudar e ter o direito de opinar, o que corresponde ao exercício indireto da parentalidade. Esta opção apresenta a desvantagem de não aparecer o pai ou a mãe afim comprometido com a criação das crianças, impedindo o fortalecimento dos laços vinculares [...].

Vale mencionar que o aspecto da responsabilidade do padrasto em relação ao enteado merece um maior esclarecimento. Trata-se aqui de um dos traços característicos de "responsabilidade livre", onde estão permeados, dentre outras coisas, sentimentos e afetos. Atributos que a lei não tem condições de garantir e nem de impor proteção, daí a necessidade da via do consenso, doutrinário ou jurisprudencial.

Nesse sentido, é o próprio debate sobre a representação triangular que está em questão. A capacidade que terá essa estrutura triangular (padrasto, enteado e afeto) para se constituir como uma família e, ao mesmo tempo, se assentar no campo jurídico-constitucional vai depender de uma visão legal de concepção plural da família.

Os desafios em torno dessa representação triangular tornam-se mais complicados quando parte-se para o debate das questões jurídicas, principalmente a da obrigação de prestar os alimentos.

Maria Berenice Dias (2007, p. 313), por exemplo, preleciona que "[...] Ainda não é reconhecido o direito do enteado de buscar alimentos de seu padrasto depois de rompido o vínculo de convivência com seu genitor [...]".

Já Waldyr Grisard Filho (2007, p. 151) acrescenta na questão da obrigação de alimentar do enteado ou filhos afins:

> [...] A coabitação, por si só, não faz nascer uma vocação alimentar entre os membros de um mesmo lar, pois o legislador limitou as pessoas reciprocamente abrigadas a isto. De uma maneira geral, somente uma relação de parentesco ou de aliança instaura entre os interessados um direito de alimentos.

Assiste-se, assim, portanto, do ponto de vista das implicações jurídico-constitucionais mais uma vez o silêncio da lei sobre a questão da obrigação de alimentar nas relações familiares reconstituídas, portadoras de um caráter "novo" ao seu modo de estruturação, de funções e de finalidade, que reúne em implicações problemas sociais e jurídicos.

A legislação vem evoluindo no sentido de reconhecer a família reconstituída, pois em 17.04.2009, foi sancionada, pelo Presidente da República, a Lei n. 11.924, que alterou a Lei dos Registros Públicos, e permitiu que o enteado ou enteada pudesse usar o nome de família de seu padrasto ou madrasta.

CONCLUSÃO

Nesse contexto, como o aqui analisado, é inegável que a família passa a ser entendida atualmente, como um grupo social fundado, essencialmente, por laços de afetividade, ou seja, transcende seu caráter biológico para buscar uma dimensão cultural (socioafetiva), evidenciando-se mais claramente o que se constitui em grandes desafios para a ordem jurídica no campo do Direito de Família.

Por outro lado, acredita-se que todos os que estão participando do cenário de uma família reconstituída queiram viver um mundo melhor, sem, contudo, que lhes sejam aplicadas apressadamente uma solução jurídica modelo. Não se trata apenas de uma questão de valores, mas sim de um reconhecimento dessa realidade. Pelo que se observa, isso requer um amplo e especial trabalho de envolvimento jurídico e social. Envolvimento dos legisladores, no que se refere a um processo coletivo legal de tomadas de decisões, que seja suficiente para garantir os direitos e impor os deveres na pluralidade de famílias, hoje existente no cenário social.

A família reconstituída do ponto de vista individual incide em que cada membro é egresso de uma outra família, portanto, trazendo elementos circunstanciais da sua situação familiar anterior, e ingressa na nova família com outras expectativas em relação a essa outra família e até se ajustar a esse novo modelo familiar, leva algum tempo. Necessita essa constituição familiar, por exemplo, que se revejam alguns institutos do Direito de Família, a fim de trazê-las para uma acomodação jurídica, principalmente nas questões da obrigação de prestar alimentos.

Cabe destacar que a relação entre padrasto, madrasta e enteado, compartilhando do princípio da afetividade, contribui para unir essas pessoas objetivando a constituição da família. A predominância atual das famílias é constituir sua convivência de forma afetuosa. Esse novo valor jurídico afetivo não impede que os laços de parentescos (consanguíneo ou outra origem) tenham a mesma dignidade e que sejam regidos pelo princípio da afetividade.

Assim, é perfeitamente possível a obrigação de prestar alimentos entre padrasto e enteado, por óbvio essa afirmativa não tem caráter absoluto, pois essa obrigação é subsidiária da relação pai e filho (vínculo sanguíneo). As atribuições do padrasto devem ser de complementação, em caso do pai biológico atuar de forma ativa na criação e educação do filho. Mas em caso contrário, quando o pai biológico fica distante dessa função de criação, em decorrência de sua morte, ou por outro motivo qualquer, o padrasto deverá arcar com a obrigação alimentar.

Por fim, pela reciprocidade, da mesma forma que o padrasto ou madrasta tem o dever de pagar alimentos, tem, também, o direito de criar e ter a guarda, mesmo quando desfeita a família reconstituída.

Pelo exposto, pode-se observar que é necessário ver a realidade da família reconstituída, pois ela é complexa, rica em detalhes que possibilita muitos estudos e oferecendo oportunidades para ampliar o seu universo bibliográfico que é, atualmente, insuficiente para as propostas de estudo como essa.

Bibliografia
BASTOS, Celso Ribeiro. *Curso de Direito Constitucional*. 17ª ed. São Paulo: Saraiva, 1996.
BASTOS, Eliene Ferreira; DIAS, Maria Berenice. *A família além dos mitos*. Belo Horizonte: Del Rey, 2008.
CASTELLS, Manuel. *O Poder da Identidade*. São Paulo: Paz e Terra, 1999.
DIAS, Maria Berenice. *Manual de Direito das Famílias*. 4º ed. rev. atual. ampl. São Paulo: Revista dos Tribunais, 2007.
DUARTE, Rodrigo Collares. *Desbiologização da paternidade e a falta de afeto*. Disponível em: <http://jus2.uol.com.br/doutrina/texto.asp?id=5845>. Acesso em: 06 abr. 2008.
Encyclopedia Britânica do Brasil Publicações Ltda. Rio de Janeiro – São Paulo, p. 283 a 307
FACHIN, Luis Edson. *Estabelecimento da Filiação e Paternidade*. Porto Alegre: Sergio Antônio Fabris Editor, 1992.
FARIAS, Cristiano Chaves de. *Escritos de Direito de família*. Rio de Janeiro: Lúmen Júris, 2007.
FERREIRA, Aurélio Buarque de Holanda. *Dicionário Aurélio básico da língua portuguesa*. 1.ed. Rio de Janeiro: Nova Fronteira, 1988.
FERREIRA, Lúcia Maria Teixeira, in *O Código Civil*: do Direito de Família.
FREYRE, Gilberto. *Casa Grande e Senzala*. 23ª ed. Rio de Janeiro: Olympio Editora, 1984.
GONÇALVES, Carlos Roberto. *Direito Civil Brasileiro*. Vol. VI. 4º ed., São Paulo: Saraiva, 2007.
GUIMARÃES, Deocleciano Torrieri. *Dicionário Técnico Jurídico*. 6º ed. rev. atual. São Paulo: Rideel, 2004.
GRISARD FILHO, Waldyr. *Famílias Reconstituídas*. Novas uniões depois da separação. São Paulo: Revista dos Tribunais, 2007.
IBGE. *Brasil em Números*. Vol 10, Rio de Janeiro, 2002.
LÔBO, Paulo. *Direito Civil. Famílias*. São Paulo: Saraiva, 2008.
_____. *Princípio jurídico da afetividade na filiação*. Disponível em: <http://www.ibdfam.org.br/?artigos&artigo=130>, Acesso em: 05 abr. 2008.
PAULILLO, Sérgio Luiz. *A desbiologização das relações familiares*. Disponível em: <http://jus2.uol.com.br/doutrina/texto.asp?id=4228>. Acesso em: 06 abr. 2008.

PEREIRA, Caio Mario da Silva. *Instituições de Direito Civil*. vol V. 15º ed. Rio de Janeiro: Forense, 2005.
MONTEIRO, Washington de Barros. *Curso de Direito Civil, Direito de Família*. 2º vol. São Paulo: Saraiva, 1997.
PRADO, Danda. *O Que é Família*. São Paulo: Brasiliense, 1981.
SANTOS, Martha M. R. Rocha. *Padrões de Organização Familiar em Salvador e na RMS*: as famílias chefiadas por mulheres. Bahia Análise & Dados, SEI, v.7, n.2, p.110-128, Salvador, 1997.
SARDENBERG, Cecília M. B. *E a família, como vai?* Mudanças nos Padrões de Família e no Papel da Mulher. Bahia Análise & Dados, Salvador. SEI, v.7,n.2.p.5-15, set/1997
SILVA, José A. *Curso de Direito Constitucional Positivo*. 15ª ed., São Paulo: Malheiros Editores, 1998.

7) A QUESTÃO DA GUARDA COMPARTILHADA NO BRASIL. DIREITO DOS FILHOS, DEVER DOS PAIS SEPARADOS

*Lêda Nascentes**

INTRODUÇÃO

Muitos casais que se separam disputam a guarda dos filhos. A guarda é parte de um conjunto maior de direitos e obrigações dos pais em relação aos filhos – conjunto esse denominado de poder familiar, estabelecido pelas leis de cada país. O conflito pela guarda é um problema muito comum no Brasil e a guarda compartilhada é uma das possíveis soluções para qualquer membro do casal que, mesmo separado, deseja participar da criação e educação dos filhos, pois esse mecanismo permite dividir as responsabilidades entre os pais.

Este trabalho busca compreender as formas legais de solução da disputa pela guarda dos filhos, e em especial a solução através da guarda compartilhada.

PODER FAMILIAR – BREVE HISTÓRICO

Pesquisa histórica realizada por Jeanete Scorsim, sobre as relações entre pais e filhos, mostra a predominância da ideia de poder paternal nas civilizações primitivas, em que o direito era fundado em princípios religiosos, advindo dos costumes e aceito universalmente. O pai, autoridade superior da

---
* *Advogada*.

família, e que indicava a posição de cada membro da família, "não era apenas o homem forte que protegia os seus e que tinha também a autoridade de fazer-se obedecer. Era também sacerdote, herdeiro do lar, continuador dos ancestrais, tronco dos descendentes, depositário dos ritos misteriosos do culto e das fórmulas secretas da oração. Toda religião residia no Pai". O pai exercia seu poder com autoridade inquestionável. Era a expressão máxima da lei, não permitindo a manifestação da justiça da cidade.

Na civilização romana, segundo Pontes de Miranda, o poder paterno era autoritário, pois não havia relação de deveres do pai para com o filho a não ser os deveres oriundos da moral.

O pátrio poder em Roma concebia um poder absoluto e arbitrário do pai em relação aos filhos, conferindo ao pai o direito de expor ou matar o filho, de vendê-lo, de abandoná-lo e de entregá-lo à uma vítima de dano que o filho possa ter causado.

O poder do pai manifestava-se sobre toda a família e tinha um caráter político, pois a família era ao mesmo tempo uma unidade política, religiosa e econômica. O chefe de família era a um só tempo o responsável pelo culto doméstico, pela justiça, pela relação com terceiros, pela representação de todos os negócios da família, enfim o chefe e administrador do seu território familiar. Outro aspecto era que esse exercício tinha caráter perpétuo e abarcava todos os que tivessem sob sua submissão.

Segundo a autora Ana Maria Milano Silva (2006, p.17-30): "no direito romano a mulher estava em posição inferior, sendo considerada incapaz de reger sua própria vida, sendo considerada como propriedade do homem, era usada para gerar filhos e suprir as necessidades biológicas masculinas".

Prevalece hoje, no Brasil, que o poder familiar é exercido de forma igualitária entre os pais, devendo ambos assumir todos os direitos e obrigações ao colocarem no mundo um filho ou adotarem um ser humano. O problema é exercer esses direitos e obrigações, e essa igualdade, quando há uma separação entre os pais.

CONCEITO DE GUARDA

O conceito de guarda e de guarda compartilhada não são claros. A falta de clareza se deve ao fato de que, no direito, as leis resultam de disputas políticas. Assim, os conceitos legais não seguem sempre uma definição totalmente lógica e formal. Por exemplo, uma vez que se defina guarda, um conceito bem elaborado de guarda compartilhada deveria ser compatível com o conceito de guarda, isto é, guarda compartilhada deveria ser uma forma de dividir aquelas responsabilidades previstas na guarda.

No entanto, isso não ocorre na lei. A guarda compartilhada possui em sua definição, responsabilidades que não estão claramente contidas no sentido de guarda e aquela expressão composta passa a ter um sentido próprio não delimitado dentro do sentido da palavra guarda.

É necessário, para a compreensão de guarda, entender preliminarmente outro conceito, o de pátrio poder ou poder familiar. Conforme Maria Helena Diniz, "O pátrio poder é um conjunto de direitos e obrigações, quanto à pessoa e os bens do filho menor, não emancipado, exercido em igualdade de condições, por ambos os pais, para que possam desempenhar os encargos que a norma jurídica lhes impõe, tendo em vista o interesse e a proteção do filho".

O Código Civil vigente não faz referência à expressão pátrio poder e sim à expressão poder familiar, que referem-se, ambos, ao exercício do poder pelos pais no âmbito da família.

Pelo artigo 1.630 do Código Civil, "Os filhos estão sujeitos ao Poder Familiar enquanto menores". Pelo art. 1.631, o poder familiar compete aos pais, durante o casamento e a união estável.

O art. 1.632 estabelece que: "a separação judicial, o divórcio e a dissolução da união estável não alteram as relações entre pais e filhos, senão quanto ao direito que cabe aos pais de terem a companhia dos filhos". Esse artigo conduz, junto com o art. 1.631, à interpretação de que o único direito e obrigação (o único direito, que também é uma obrigação,) afetado na separação é o da companhia ou convivência dos pais com os filhos, dando a entender que todo o restante dos direitos e deveres do poder familiar continuaria com ambos. Isso é, mesmo separados, os pais devem exercer todo o resto do poder familiar.

O artigo 1.634, na Seção referente ao Poder Familiar, diz qual a competência dos pais, no exercício do poder familiar: além daqueles referentes a dirigir a criação e educação, autorizar ou não o casamento, nomear-lhes tutor, representá-los ou assisti-los, reclamá-los de quem indevidamente os detenha, exigir obediência, respeito e os serviços próprios de sua idade e condição, e conforme consta do inciso II, "tê-los em sua companhia e guarda".

Combinando o art. 1.632 com o 1.634, verifica-se pelo 1.632, que, com a separação, perde-se só a "companhia", que é uma parte do poder familiar, mas não se perde a guarda, que também é parte do pode familiar.

Se for feita uma interpretação literal do artigo 1.634, a conclusão seria que a guarda é um componente do poder familiar, e que não inclui, por exemplo, dirigir a criação e educação, ter a companhia, a criação (o sustento), a educação.

A expressão guarda deriva do alemão *Wargem*, do inglês *Warden* e do francês *Garde*, podendo ser interpretada de uma forma genérica para expressar vigilância, proteção, segurança, um direito-dever que os pais ou um dos pais estão incumbidos de exercer em favor de seus filhos. Parece ser esse o sentido de guarda como componente do poder familiar. Isso é, para dirigir a criação e educação, e exercer o poder familiar não basta ter a companhia, morar junto. É preciso vigiar, fiscalizar.

Portanto, a expressão guarda, contida no Código Civil, parece significar algo diferente de mera companhia ou de simplesmente morar sob o mesmo teto. Significa vigiar, proteger, dar segurança.

O autor Waldir Grisard Filho define guarda como um direito-dever natural e originário dos pais, que consiste na convivência com seus filhos, previsto no art. 384, II, do Código Civil, e é o pressuposto que possibilita o exercício de todas as funções paternas.

Essa definição, apesar de misturar os conceitos de guarda e convivência, permite uma conclusão importante: para exercer as funções do poder pátrio ou familiar é necessário que haja a vigilância constante, a proteção, ou a guarda. E para exercer a guarda é necessária a convivência. Observe-se que vigiar não se refere só à vigilância física, se a criança está com saúde, à vigilância quanto aos locais frequentados e à vigilância das companhias. Verificar o andamento das atividades da escola, de lazer, é vigiar. Trocar de escola é um exercício de direção da vida da criança é um exercício do poder familiar.

Destaque-se que, pelo artigo 1.635, o poder familiar só se extingue pela morte dos pais ou filhos, pela emancipação, pela maioridade ou por decisão judicial. Portanto, como já foi visto no artigo 1.632, a separação judicial, o divórcio e a dissolução da união estável não extinguem o poder familiar.

O artigo 1.583, do Código Civil, determinava que: "no caso de dissolução da sociedade ou do vínculo conjugal pela separação judicial por mútuo consentimento ou pelo divórcio direito consensual, observar-se-á o que os cônjuges acordarem sobre a guarda dos filhos". (Art. 9º da Lei n. 6.515, de 26.12.1977 – Lei do Divórcio). Só que esse artigo foi modificado pela nova lei que estabeleceu que "a guarda será unilateral ou compartilhada" e definiu as condições em que cada tipo será decidido.

A guarda prevista no artigo 1.534, como já comentado, diz respeito à vigilância necessária para exercer o poder familiar, mas que implica na necessidade de convivência. Em geral, discute-se a vigilância e a convivência, pois ambos (ambas) mantém (mantêm) o direito-dever do exercício do poder familiar. Um pai separado, até mesmo sem conviver com um filho, deve acompanhar e participar da direção da sua vida trocando idéias (ideias) com a mãe, e pode discordar judicialmente de medidas adotadas por ela. Tanto é assim que a nova lei de guarda compartilhada estabelece no artigo 1.583, § 3º, que "a guarda unilateral obriga o pai ou a mãe que não a detenha a supervisionar os interesses dos filhos".

Mas pode haver casos específicos graves em que se queira até destituir o pátrio poder, isto é, suprimir o direito do pai ou da mãe de dirigir a vida do filho. Nesse caso, não há só a perda da guarda, mas há a destituição do pátrio poder. Portanto, pode haver casos em que, embora se discuta a guarda, podem estar envolvendo também a perda do pátrio poder, ou seja, a perda do direito mesmo de dirigir a vida da criança.

O artigo 1.584 determinava que: "decretada à separação judicial ou o divórcio, sem que haja entre as partes acordo quanto à guarda dos filhos, será ela atribuída a quem revelar melhores condições de exercê-la. Parágrafo Único: Verificando que os filhos não devem permanecer sob a guarda do pai ou da mãe, o juiz decidirá a sua guarda à pessoa que revele compatibilidade com a natureza da medida, de preferência levando em conta o grau de parentesco e relação de afinidade e afetividade, de acordo com o disposto em lei específica". O artigo 1.584, modificado pela nova lei, foi introduzido mais um parágrafo, o qual estabelece que "quando não houver acordo entre a mãe e o pai quanto à guarda do filho, será aplicada, sempre que possível, a guarda compartilhada".

Interessante neste ponto citar o comentário de Waldir Grisard Filho, que coloca uma noção importantíssima sobre a guarda compartilhada. Segundo ele, é uma modalidade de guarda na qual ambos os genitores têm a responsabilidade legal sobre os filhos menores e compartilham, ao mesmo tempo e na mesma intensidade, todas as decisões importantes relativas a eles, embora vivam em lares separados. Sua convicção está ancorada no texto do artigo 229, da Constituição Federal, que impõe aos pais o dever de assistir, criar e educar os filhos menores, independentemente de conviverem ou não no mesmo lar e no Estatuto da Criança e do Adolescente, que confirma o preceito maior ao incumbir aos pais o dever de sustento, guarda e educação de seus filhos, sem discriminar ou condicionar o exercício da guarda à convivência dos genitores. Estas disposições convergem aos postulados da Convenção sobre os Direitos da Criança, que lhe proclama uma proteção especial e o pleno direito de ser cuidada por seus pais.

Veja-se que o autor supra mencionado coloca a guarda compartilhada como uma responsabilidade legal em que "compartilham, ao mesmo tempo e na mesma intensidade, todas as decisões importantes relativas a eles, embora vivam em lares separados". Ele implicitamente colocou no conceito de guarda compartilhada "as decisões importantes relativas aos menores", englobando, com isso, todas aquelas decisões inerentes ao poder familiar, como por exemplo: "dirigir a criação e educação", entre outros.

Portanto, o que o autor mostra e chama de guarda compartilhada não é uma divisão entre os pais apenas da guarda física e da vigilância e proteção, mas efetivamente de vários aspectos contidos dentro do poder familiar. Isso ilustra, como já foi mostrado, que o conceito de guarda não é totalmente compatível com o conceito de guarda compartilhada.

Um aspecto que pode causar certa confusão é a afirmação de que os genitores, na guarda compartilhada, têm a responsabilidade legal sobre os filhos menores e compartilham, ao mesmo tempo e na mesma intensidade, todas as decisões importantes relativas a eles, embora vivam em lares separados. Ora o compartilhamento não necessita ser ao mesmo tempo e na mesma intensidade. Ele pode ser negociado entre as partes da melhor forma que a situação o permita.

TIPOS DE GUARDA

Pode-se considerar seis tipos de guarda: comum, alternada, única, aninhamento, compartilhada, concedida a terceiro e unilateral.

A guarda comum é aquela guarda exercida normalmente pelos pais, seja na constância ou não do casamento.

A guarda alternada caracteriza-se pela possibilidade de cada um dos pais deter a guarda do filho alternadamente, por um ano, um mês, uma semana, uma parte da semana, ou uma repartição organizada dia a dia. Durante esse período de tempo, um cônjuge detém, de forma exclusiva, a totalidade dos poderes-deveres que integram o poder parental. No término do período, os papéis invertem-se. Este é um tipo de guarda que se contrapõe fortemente à continuidade do lar, que deve ser respeitado para preservar o bem estar da criança. É inconveniente à consolidação dos hábitos, valores, padrões e formação da personalidade do menor, pois o elevado número de mudanças provoca uma enorme instabilidade emocional e psíquica. A jurisprudência a desabona, não sendo aceita na maioria dos países.

A guarda única ocorre quando o menor vive em um lar fixo, sob a guarda de um dos genitores, recebendo a visita periódica do pai ou da mãe que não tem a guarda. É o sistema de visitas. É destrutivo para o relacionamento entre pais e filhos, e propicia o afastamento entre eles, lento e gradual, até desaparecer.

O aninhamento ou nidação é um tipo de guarda raro, no qual os pais se revezam mudando-se para a casa onde vivem as crianças em períodos alternados de tempo. É pouco utilizada.

A guarda compartilhada, conforme a nova lei, "é o sistema de co-responsabilização dos pais dos direitos e deveres decorrentes do poder familiar para garantir a guarda material, educacional, social e de bem-estar dos filhos".

A guarda unilateral, estabelecida pela nova lei que alterou o Código Civil, é aquela atribuída a um só cônjuge quando não for possível ou recomendável ao juiz aplicar a guarda compartilhada e a novidade é que a nova lei estabelece que, mesmo nessa situação, aquele que não detém a guarda é obrigado a supervisionar o interesse dos filhos. Isso ilustra que, mesmo na guarda unilateral, um dos genitores perde a possibilidade de maior convivência, proximidade e vigilância do menor, mas, mesmo assim, continua havendo um compartilhamento da obrigação legal inerente ao poder familiar de cuidar dos interesses dos filhos, o que ilustra que as denominações jurídicas nem sempre refletem plenamente o conteúdo do seu significado.

HISTÓRICO DA GUARDA COMPARTILHADA

Em relação ao histórico da guarda compartilhada, o autor, GRISARD FILHO (2002, p. 114) comenta que em situação de separação, a guarda era outorgada a um só dos genitores, mas, diante dessa situação, surgiu uma corrente de pensamento que a contestava, com base na psicologia e sociologia, e que, aliada ao desejo dos pais de compartilharem a criação e educação dos filhos, pressionou por um novo modelo, surgindo a guarda compartilhada.

Para que se tivesse mais consciência do que representava a guarda compartilhada, frente à sociedade atual, o autor citado fez uma explanação sobre sociedade, cultura e sua influência.

A INFLUÊNCIA DO DESENVOLVIMENTO CULTURAL E DA VIDA SOCIAL MODERNA NA GUARDA COMPARTILHADA

A revolução industrial, os movimentos feministas e suas conquistas em relação ao direito das mulheres, a independência da mulher e sua igualdade em relação aos homens são fatores que influenciaram diretamente na questão da guarda dos filhos. Assim, ficou no passado a sociedade em que a mulher se dedicava apenas aos filhos e à casa, e o homem ao trabalho, o que afeta profundamente a família. Mas a maior independência contribuiu também para as separações.

Modificações no comportamento dos membros que compõem a sociedade e das leis às quais estão sujeitos ocorrem de acordo com sucessivos estágios que as mudanças culturais provocam. O desenvolvimento cultural consiste no agir, sentir e pensar do ser humano. É um processo infindável que se baseia em experiências, aprendizados e invenções.

A cultura permite que coisas sejam feitas, as quais não poderiam ser feitas apenas com músculos e sentidos. Os dispositivos culturais permitem que sejam ultrapassadas as limitações físicas que o ser humano possui, e são adquiridos através da convivência em sociedade. Esta convivência, em contrapartida, só é possível pela definição do que fazer e o que esperar dos outros, que pela cultura é transmitida. A vida social seria impossível, se não houvesse partilha entre todos os membros do grupo social, de conhecimentos e práticas.

A região geográfica e o meio ambiente fazem com que haja diferenças culturais entre os grupos sociais. O agir dos componentes de uma sociedade é cultural e não natural, e muda continuamente, às vezes de maneira rápida, por vezes lenta, decorrendo das mudanças ambientais, contatos culturais, invenções, e avanços tecnológicos.

Atualmente, o ritmo de mudança cultural se acelera cada vez mais, o que está gerando uma cultura mundial comum em muitos aspectos, provocando o desaparecimento de muitas diferenças entre os povos neste planeta. Raramente há um retorno às formas antigas, pois a evolução cultural faz com que novas e melhores formas de agir, de pensar, de viver sejam adotadas.

O desenvolvimento cultural e social obviamente se manifesta na Família porque a mesma "é uma entidade histórica, interligada com os rumos e desvios da história, mutável na exata medida em que mudam as estruturas da mesma, através dos tempos. A história da família se confunde com a história da própria humanidade".

Por sua vez, na sociedade atual é comum o desejo de um dos cônjuges exercer as funções de pai e mãe, demonstrando, irrefutavelmente, o desejo de retaliação. No entanto, deve-se levar em conta a vontade e o direito dos filhos menores, cujo interesse é legalmente prioritário no ordenamento jurídico pátrio, de terem a função parental preenchida, de forma igualitária, por seu pai e por sua mãe.

O tempo em que a mulher se dedicava apenas aos filhos e o homem somente ao trabalho, privado da convivência familiar, não existe mais. A visão social, em relação à criação de filhos, hoje em dia propaga que, os mesmos devem ter seus ideais identificados, tanto com a mãe quanto com o pai, profissionais e cidadãos responsáveis, pois assim crescerão com possibilidades maiores de vivência salutar e completa, na sociedade à qual farão parte.

Segundo Maria Antonieta Pisano Motta, psicóloga e psicanalista,

> A guarda conjunta deve ser vista como uma solução que incentiva ambos os genitores a participar igualitariamente da convivência, educação e responsabilidade pela prole. Deve ser compreendida como aquela forma de custódia em que as crianças têm uma residência principal e que define ambos os genitores como detentores do mesmo 'dever' de guardar os filhos. É inovadora e benéfica para a maioria dos pais cooperativos e é também muitas vezes bem sucedida mesmo quando o diálogo não é bom entre as partes, desde que estas sejam capazes de discriminar seus conflitos conjugais do adequado exercício da parentalidade.
> (...)
> Ao conferir aos pais essa igualdade no exercício de suas funções, essa modalidade de guarda valida o papel parental 'permanente' de pai e mãe e incentiva ambos a um envolvimento ativo e contínuo com a vida dos filhos. Ela não é panacéia aos problemas que a separação suscita; ela de fato chega a não ser adequada para algumas famílias, especialmente aquelas em que os cônjuges vivem em conflito crônico. Entretanto não deve ser descartada A PRIORI, como muitas vezes lamentavelmente ocorre.

GRISARD FILHO (2002, p. 118) transmite que

> (...) desde que o divórcio sem culpa se tornou possível, diminuindo ou, quase fazendo desaparecer a rivalidade entre os pais, a guarda conjunta é o instrumento a privilegiar o interesse do menor e de seus pais, pois a adequada comunicação entre pais e filhos, de forma contínua e simultânea, motiva o modelo de guarda e a responsabilidade parental.

Segundo o psicanalista José Inácio Parente,

> O equilíbrio da presença do pai e da mãe, durante o casamento, tão defendido teórica e praticamente pelas mães e pela Psicologia, aceito em todas as culturas modernas, não tem por que não sê-lo também quando os pais se separam, porquanto a estrutura psicológica dos filhos e suas necessidades permanecem as mesmas. O pai que comumente é vítima do afastamento físico e convívio cotidiano dos filhos, acaba se envolvendo em nova família, afastando-se dos filhos da família anterior. Os advogados e juízes devem se preocupar com o desenvolvimento emocional e psicológico da criança, não devendo a 'fácil e simplista solução de visitas do pai', ser considerada a solução, embora, ainda hoje, seja a forma mais comum da decisão judicial.

O Jornal A Folha de São Paulo, de 15.08.1999, traz uma reportagem sobre o crescimento da guarda compartilhada:

> GUARDA COMPARTILHADA CRESCE: O acordo de Guarda Compartilhada, em que os pais dividem a criação dos filhos quando se divorciam, está crescendo no Brasil. Os pais estão começando a conseguir superar a fase da mágoa, sem afetar as relações de cada um com a criança. A psicóloga judiciária das varas da família do Fórum Central da Capital, Lídia Rosalina de Castro, assim se expressa: 'Hoje os pais querem viver, conviver, não só dar pensão e visitar a cada 15 dias'. A advogada Carolina Mallone, há dez anos na área de família, coloca: 'Vejo aumentar, semanalmente, o número de homens pedindo a guarda dos filhos'. Apesar de estar crescendo, em números absolutos, a Guarda Compartilhada representa apenas 3% dos acordos entre os pais. Em 88% dos

casos, o filho fica com a mãe; 8% com o pai e outros parentes ou instituições representam 1%.

A QUESTÃO DA GUARDA COMPARTILHADA NO BRASIL

Conforme já se discutiu, enquanto a palavra guarda não era muito clara, podendo ser interpretada apenas como a vigilância necessária ao exercício do poder familiar, exigindo consequentemente também a convivência, sem necessariamente excluir outros direitos e deveres do poder familiar, a palavra guarda compartilhada não deriva de guarda, pois guarda compartilhada está ligada à divisão de responsabilidades dos direitos e deveres do poder familiar e não só a mera convivência com os filhos ou a mera fiscalização de todos os aspectos de sua vida.

A guarda compartilhada ou conjunta refere-se a um tipo de guarda onde os pais e mães dividem a responsabilidade legal sobre os filhos ao mesmo tempo e compartilham as obrigações pelas decisões importantes relativas à criança. É um conceito que deveria ser a regra de todas as guardas, respeitando-se evidentemente os casos especiais. Trata-se de um cuidado dos filhos concedidos aos pais comprometidos com respeito e igualdade.

Na guarda compartilhada, um dos pais pode deter predominantemente a guarda material ou física do filho. O pai ou a mãe que não tem a guarda física de forma predominante não se limita a ser um mero visitante ou mero supervisor da educação dos filhos, mas sim co-participará efetivamente de toda a vida do filho como co-detentor de poder e autoridade para decidir conjuntamente como o outro cônjuge sobre a educação, religião, cuidados com a saúde, lazer, estudos, enfim, decidir sobre a vida do filho.

A guarda compartilhada permite que os filhos vivam e convivam em estreita relação com o pai e a mãe, havendo uma co-participação em igualdade de direitos e deveres. É uma aproximação da relação materna e paterna, visando o bem estar dos filhos. São benefícios grandiosos que a nova proposta traz às relações familiares, não sobrecarregando nenhum dos pais e evitando ansiedades, *stress* e desgastes.

A luta pela guarda compartilhada veio se desenvolvendo em um contexto em que esse tipo de guarda não era explicitamente reconhecido pela legislação, embora a doutrina e a jurisprudência viessem reconhecendo a sua possibilidade, tendo em vista a igualdade de direitos e obrigações estabelecida de homem e mulher na Lei de Divórcio, ECA e na Constituição. Por pressão de movimentos sociais, uma nova lei sobre guarda compartilhada foi aprovada em 2008.

REQUISITOS PARA A GUARDA COMPARTILHADA

Os principais aspectos que devem ser analisados na determinação da guarda, são o interesse do menor, a idade, o problema de separar os irmãos, a opinião do menor, o comportamento dos pais.

Não existem requisitos específicos para aplicação da guarda compartilhada. Existem, sim, critérios estabelecidos no novo texto do art. 1.583, § 2º, do Código Civil referentes à guarda unilateral. Quando não for possível a guarda compartilhada, "será atribuída a guarda unilateral ao genitor que revele melhores condições para exercê-la e, objetivamente, mais aptidão para propiciar aos filhos os seguintes fatores: I – afeto nas relações com o genitor e com o grupo familiar; II – saúde e segurança; III – educação".

A nova lei que introduziu a guarda compartilhada na legislação civil prevê como prioridade o acordo sobre a guarda, seguido de preferência pela guarda compartilhada no caso de não haver acordo e, em último lugar, a atribuição da guarda unilateral.

É importante salientar que, mesmo em caso de acordo, pode ser que não seja possível uma repartição de guarda em grau ótimo, idealizado por Grisard. É possível mesmo que haja acordo até para que a guarda seja unilateral por reconhecer o próprio casal à impossibilidade da guarda compartilhada.

Como já foi visto, a aplicação da guarda compartilhada já era possível, mesmo antes da nova lei, mas a tônica das decisões era não conceder a guarda compartilhada nas situações de litígio, pela dificuldade de operacionalização deste compartilhamento nessa situação. E isso continua ocorrendo em alguns julgados mesmo após a nova lei da guarda compartilhada.

A nova lei facilitou a aplicação de algo que já era possível pela jurisprudência, mas com uma grande alteração. Na falta de acordo entre os pais, a nova lei prevê que, em vez do juiz atribuir a guarda "a quem revelar melhores condições para exercê-la", como era previsto no art. 1.584, do CC, "ela será atribuída segundo o interesse dos filhos, incluído, sempre que possível, o sistema da guarda compartilhada".

Portanto, na falta de acordo o juiz deverá, sempre que possível, incluir o sistema de guarda compartilhada. É óbvio que a determinação legal não muda a realidade. O conflito entre os pais dificulta o compartilhamento da guarda, podendo mesmo inviabilizá-lo, independentemente da definição legal.

Mas a nova lei não obriga o juiz a aplicar a guarda compartilhada. Dá apenas uma diretriz de que a mesma deve ser aplicada sempre que possível. Portanto, a decisão ficará a critério do juiz, que pode continuar aplicando, dependendo do caso, a guarda única, podendo mesmo, com base no parágrafo único do art. 1.584 do Código Civil, deferir a guarda a um terceiro, que não seja nem a mãe, nem o pai.

Evidente que, ao atribuir a guarda unilateral, o juiz está retirando de um dos genitores a possibilidade de um contato mais estreito com o filho, mas a nova lei, mesmo nessa situação, obriga a quem não tem a guarda, a supervisionar os interesses do filho.

A verdade é que, ao mesmo tempo em que há genitores separados que estão preocupados tanto com suas obrigações como com seus direitos de convivência com os filhos, há outros que, talvez sob o efeito das feridas dos litígios conjugais, não desejem nem a convivência e nem os deveres para com os filhos. Esta última situação é mais complicada porque, no interesse do menor, o juiz poderia até impor legalmente as obrigações, ao compartilhar a guarda, mas não conseguiria resolver a questão afetiva e talvez até houvesse constantes descumprimentos das determinações, sem que o judiciário tivesse condição de ficar acompanhando e reprimindo tais situações a todo o momento.

Existe também a situação daquele genitor que deseja guarda única para vingar-se da outra parte, negando-lhe o convívio com o filho e até mesmo a possibilidade de cumprir com suas obrigações. Também, nesse caso, cabe ao juiz impor um grau de compartilhamento que evite essa arbitrariedade, inclusive deferindo a guarda unilateral para o outro.

Porém, em todos esses casos em que há uma imposição, há grande possibilidade de que as determinações legais não sejam cumpridas.

ASPECTOS DA GUARDA COMPARTILHADA

Segundo GRISARD FILHO (2002, p.165-196), a guarda compartilhada rompe com os sistemas de guarda única, alternada ou dividida, que favorecem o afastamento dos filhos do genitor que não tem a guarda, privilegiando a continuidade da relação da criança com os pais após a separação, responsabilizando a ambos nos cuidados relativos à educação e à criação do menor.

Ainda sob o enfoque desse autor, na guarda compartilhada, ambos os pais a exercem igualitária e simultaneamente todos os direitos e deveres relativos às pessoas dos filhos. Pressupõe uma ampla colaboração entre os pais, sendo que as decisões relativas aos filhos são tomadas em conjunto, ao contrário do que ocorre com a guarda alternada.

Aqui cabe um comentário sobre essa afirmação. Segundo GRISARD FILHO, na verdade, a guarda compartilhada, aqui expressa, corresponde àquela situação ideal, que até pode ocorrer na prática, quando os casais que se separam mantêm um bom relacionamento e estão sempre em comum acordo em relação à criação dos filhos. O problema ocorre quando não há acordo entre o casal e há dificuldades de convivência. Nesse caso, o juiz definirá uma forma de compartilhar os direitos-poderes-deveres, que dependerá de cada caso e que fugirá desse padrão de compartilhamento ideal, e cujo cumprimento, pelos pais, será no mínimo duvidoso.

Entre as vantagens, citadas pelo autor e com base em diversas pesquisas por ele citadas, pode-se enumerar:

1) A guarda compartilhada minora os sentimentos de perda e rejeição dos filhos, tornando-os mais ajustados emocionalmente;

2) Elimina o conflito de escolha do filho entre o pai ou a mãe, mantendo intacta a vida cotidiana dos filhos, mantendo um relacionamento próximo e amoroso com os dois genitores, minimizando os problemas de lealdade do filho para com um ou outro genitor;

3) Permite convivência igualitária dos filhos com os pais;

4) Facilita a inclusão dos filhos no novo grupo familiar de cada um dos pais;

5) Elimina a figura de pais periféricos;

6) Aumenta a comunicação entre os filhos e os pais;

7) Evita que o genitor que não tem a guarda se afaste da convivência dos filhos e das decisões sobre os mesmos e evita as angústias provocadas por esse afastamento;

8) Desenvolve uma consideração e respeito entre os pais, diminuindo o conflito parental e diminuindo as frustrações e angústias dos pais;

9) Permite que os pais compartilhem os gastos de manutenção dos filhos;

10) Permite que cada um dos pais tenha mais tempo livre para cuidar de suas próprias vidas.

Entre as desvantagens pode-se enumerar:

1) Os maiores custos, em virtude de ambos os pais terem de adaptar suas moradias para permitir o convívio com os filhos na forma em que for determinado;

2) A possibilidade de fracassar, quando adotado de forma equivocada por casais amargos e em conflito, situação em que pode ser recomendável a guarda única acrescida do direito de visitas;

3) Necessidade de permanência dos pais no mesmo lugar ou cidade onde vive o grupo familiar;

4) Necessidade de um emprego flexível que facilite aos pais o atendimento dos filhos;

5) Necessidade de constante adaptação;

6) Necessidade de que os filhos se adaptem a duas moradias;

7) Problemas práticos ou logísticos para que ambos os pais possam exercer cotidianamente seus direitos e obrigações.

LEGISLAÇÃO DA GUARDA COMPARTILHADA

A Constituição Federal de 1988 reconhecidamente contemplou a família, merecendo destaque, no Capítulo VII – Da Família, da Criança, do Adolescente e do Idoso, o art. 227 que dispõe da seguinte forma:

> Art. 227. É dever da família, da sociedade e do Estado assegurar à criança e ao adolescente, com absoluta prioridade, o direito à vida, saúde, alimentação, educação, ao lazer, profissionalização, cultura, dignidade, ao respeito, à liberdade, à convivência familiar e comunitária, além de colocá-la a salvo de toda forma de negligencia, discriminação, exploração, violência, crueldade e opressão.

Essa norma tem caráter geral, irradiando-se por todo o ordenamento jurídico infraconstitucional.

Outro amparo constitucional para a guarda compartilhada está contido no art. 226, § 5°, ao estabelecer que os direitos e deveres referentes à sociedade conjugal serão exercidos igualmente pelo homem e pela mulher.

O art. 229, da Constituição Federal, estabelece que: "os pais têm o dever de assistir, criar e educar os filhos menores [...]", independentemente de conviverem ou não no mesmo lar.

Com efeito, a Carta Magna coloca como prevalente o interesse da criança e do adolescente como sujeitos de direitos de pessoas em desenvolvimento. Embasado no texto constitucional, e nos princípios da Convenção das Nações Unidas sobre os direitos da criança, o novo direito de família construirá novos rumos quando da análise dos conflitos envolvendo criança ou adolescente.

Outro importante preceito sobre os direitos da criança é encontrado na Convenção das Nações Unidas que determina em seu art. 9, § 3°, que: "Os Estados Partes respeitarão o direito da criança separada de um ou de ambos os pais de manter regularmente relações pessoais e contato com ambos, a menos que isso seja contrário ao interesse maior da criança".

Essa ponderação adere aos preceitos que postula a guarda compartilhada, no sentido de garantir a criança à convivência com a família, que apesar de estar fragmentada não deixa de ser um direito fundamental e, portanto, dever ser preservada em união com os pais mesmo em lares separados.

O Código Civil de 2002, seguindo preceitos constitucionais, contempla a igualdade conjugal e a co-responsabilidade parental, dentro de uma compreensão voltada ao princípio do melhor interesse da criança.

O primeiro artigo do Código Civil, em que a guarda compartilhada já encontrava amparo, era o art. 1.583, com texto anterior à nova lei, praticamente com a mesma redação do art. 9° da Lei n. 6.515/1977, como se percebe a seguir: Segundo o art. 1.583, no caso de dissolução da sociedade ou do vínculo conjugal pela separação judicial por mútuo consentimento ou pelo divórcio direto consensual, observar-se-á o que os cônjuges acordarem sobre a guarda dos filhos. O juiz deverá sempre obedecer ao que os cônjuges acordarem, sempre primando pelo melhor interesse do menor, sob pena do acordo não ser ratificado pelo magistrado.

Rompendo princípios ultrapassados da prevalência à guarda materna nas relações conjugais desfeitas, o Código Civil já preceituava de forma manifesta a igualdade parental no texto do art. 1.584, *caput*, anterior à lei de guarda compartilhada: "Decretada à separação judicial ou o divórcio, sem que haja entre as partes acordo quanto à guarda dos filhos, será ela atribuída a quem revelar melhores condições de exercê-la". Ao pai ou a mãe ou em comum cabe o dever de sustento, guarda e educação dos filhos menores sempre no interesse deles, como determina o art. 1.567: "A direção da sociedade conjugal será exercida, em colaboração, pelo marido e pela mulher, sempre no interesse do casal e dos filhos".

Fortalecendo a relação entre os pais e filhos após a ruptura da sociedade conjugal, o código disciplina a convivência parental no art. 1.632: "A separação judicial, o divórcio e a dissolução da união estável não alteram as relações entre pais e filhos senão quanto ao direito, que aos primeiros cabe, de terem em sua companhia os segundos".

Ainda pode-se analisar o art. 1.690, que dispõe que compete aos pais e na falta de um deles, ao outro, com exclusividade, representar os filhos menores de dezesseis anos, bem como assisti-los até completarem a maioridade ou serem emancipados. Parágrafo único – Os pais devem decidir em comum as questões relativas aos filhos e a seus bens; havendo divergência, poderá qualquer deles recorrer ao juiz para a solução necessária.

Note-se que o dever dos pais em decidir as questões referentes aos filhos, quer pessoal ou patrimonial, devem ser administradas em comum, ou seja, de forma compartilhada pelos dois genitores.

O art. 1º, do Estatuto da Criança e do Adolescente – ECA – dispõe sobre a proteção integral da criança e do adolescente, ficando expresso que cabe à família garantir esse direito ao menor, assegurando entre outros, o direito a convivência familiar, sendo que os genitores biológicos são os mais indicados a criarem os filhos até o amadurecimento para a vida adulta, quer morem juntos ou separados. Pelo art. 19, do mesmo diploma, toda criança ou adolescente tem o direito a ser criado e educado no seio de sua família.

Fica claro que para o adequado desenvolvimento dos filhos menores, é imprescindível a presença efetiva tanto da mãe como do pai.

Nesse contexto, a melhor interpretação é que, tanto pela Constituição Federal, como pelo Código Civil, mesmo estando os pais separados, continua a responsabilidade de ambos na direção da vida dos filhos. Visto por esse ângulo, a responsabilidade é de ambos, mesmo estando separados. Portanto a guarda compartilhada já possuía todo o fundamento constitucional e a possibilidade de aplicação, mesmo antes da nova lei que a instituiu expressamente essa modalidade de guarda.

Em 13 de junho de 2008, foi publicada a Lei n. 11.698, que alterou dispositivos do Código Civil, para instituir e disciplinar a guarda compartilhada.

A guarda compartilhada ganhou os seguintes contornos no Código Civil:

> Art. 1.583. A guarda será unilateral ou compartilhada.
> § 1º. Compreende-se por guarda unilateral a atribuída a um só dos genitores ou a alguém que o substitua (art. 1.584, § 5º) e, por guarda compartilhada a responsabilização conjunta e o exercício de direitos e deveres do pai e da mãe que não vivam sob o mesmo teto, concernentes ao poder familiar dos filhos comuns.
> § 2º. A guarda unilateral será atribuída ao genitor que revele melhores condições para exercê-la e, objetivamente, mais aptidão para propiciar aos filhos os seguintes fatores:
> I – afeto nas relações com o genitor e com o grupo familiar;
> II – saúde e segurança;
> III – educação.
> § 3º. A guarda unilateral obriga o pai ou a mãe que não a detenha a supervisionar os interesses dos filhos.
> Art. 1.584. A guarda, unilateral ou compartilhada, poderá ser:

I – requerida, por consenso, pelo pai e pela mãe, ou por qualquer deles, em ação autônoma de separação, de divórcio, de dissolução de união estável ou em medida cautelar;
II – decretada pelo juiz, em atenção a necessidades específicas do filho, ou em razão da distribuição de tempo necessário ao convívio deste com o pai e com a mãe.
§ 1º. Na audiência de conciliação, o juiz informará ao pai e à mãe o significado da guarda compartilhada, a sua importância, a similitude de deveres e direitos atribuídos aos genitores e as sanções pelo descumprimento de suas cláusulas.
§ 2º. Quando não houver acordo entre a mãe e o pai quanto à guarda do filho, será aplicada, sempre que possível, a guarda compartilhada.
§ 3º. Para estabelecer as atribuições do pai e da mãe e os períodos de convivência sob guarda compartilhada, o juiz, de ofício ou a requerimento do Ministério Público, poderá basear-se em orientação técnico-profissional ou de equipe interdisciplinar.
§ 4º. A alteração não autorizada ou o descumprimento imotivado de cláusula de guarda, unilateral ou compartilhada, poderá implicar a redução de prerrogativas atribuídas ao seu detentor, inclusive quanto ao número de horas de convivência com o filho.
§ 5º. Se o juiz verificar que o filho não deve permanecer sob a guarda do pai ou da mãe, deferirá a guarda à pessoa que revele compatibilidade com a natureza da medida, considerados, de preferência, o grau de parentesco e as relações de afinidade e afetividade.

CONCLUSÃO

A aplicação da guarda compartilhada no direito brasileiro resultou de pressões de movimentos sociais de genitores com uniões conjugais desfeitas e que foram prejudicados pela separação do convívio cotidiano com os filhos. Resultaram também de estudos e da consciência crescente, em nível nacional e internacional, da importância da participação intensa de ambos os cônjuges, mesmo separados, na vida dos filhos, para propiciar-lhes um pleno desenvolvimento, inclusive afetivo.

A Constituição Federal e o Estatuto da Criança e do Adolescente estabelecem a igualdade de deveres e direitos dos genitores na participação da vida dos filhos e o direito à proteção integral da criança e do adolescente. Por essa razão, mesmo sem expressa previsão legal, a jurisprudência brasileira já vinha permitindo a aplicação da guarda compartilhada, que visava equilibrar os direitos e deveres dos pais em relação à participação na vida dos filhos, observando a proteção dos direitos dos filhos.

O texto da lei privilegiava, em situações de conflito entre os pais, a atribuição da guarda àquele que tivesse mais condições de exercê-la, dando ao genitor que não ficava com a guarda o mero direito de visita.

Lei recente sobre a guarda compartilhada estabeleceu que, em caso de conflito entre os pais, o juiz deverá, sempre que possível, aplicar a guarda compartilhada, a fim de preservar ao máximo o equilíbrio entre a igualdade de direitos e deveres dos pais e privilegiando o interesse do menor.

A lei, embora venha positivar algo que já era permitido pela jurisprudência, não tem o condão de modificar a realidade, isto é, não modifica o fato de que, em caso de conflito entre os pais, torna-se bastante difícil compartilharem a guarda de forma adequada, sem que, de alguma forma, prejudiquem os filhos.

Nos casos conflituosos, o juiz poderá impor um grau de compartilhamento de guarda, seja para evitar que algum genitor queira escusar-se de suas responsabilidades, seja para evitar que algum genitor queira a guarda única apenas para usar o filho como instrumento de vingança, afastando-o do outro genitor.

Entretanto, em muitos casos de conflito constante de pais não cooperativos, sem diálogo, insatisfeitos, os arranjos da guarda compartilhada, segundo GRISARD FILHO, e no uso da interpretação, podem ser muito lesivos aos filhos. Para essas famílias destroçadas, observou-se também que, segundo o autor, que é grande defensor da guarda compartilhada, deve-se optar pela guarda única e deferi-la ao genitor menos contestador e mais disposto a dar ao outro o direito amplo de visitas.

Assim, conclui-se com a certeza de que a guarda compartilhada, já expressa na legislação e aplicada na jurisprudência, visa o melhor desenvolvimento dos filhos e os interesses dos pais em terem a companhia e a direção das suas vidas.

Bibliografia
COSTA, Suely Alves. **Guarda Compartilhada.** Monografia do Curso de Direito do Centro Universitário Augusto Motta. RJ. Site www.apase.org.br. Acesso 07/09/2007.
COUTO, LINDAJARA OSTJEN. **A separação e a guarda compartilhada dos filhos.** Artigo. Site www.apase.org.br. Acesso 07/09/2007.
FACHIN, Rosana. **Do Parentesco e da Filiação.** Coletânea de artigos do livro de Maria Berenice Dias. Fls. 131 a 134.
GRISARD FILHO, Waldyr. **A Guarda Compartilhada no novo Código Civil.** Artigo. Site www.apase.org.br. Acesso 07/09/2007.
_____. **Guarda compartilhada:** um novo modelo de responsabilidade parental. 2. ed. São Paulo: Revista dos Tribunais, 2002.
_____. **Guarda Compartilhada:** Jurisprudência comentada. Site www.apase.org.br. Acesso 07/09/2007.
GOBBI, SHAIENNE MATTAR. **Plausibilidade da guarda compartilhada face ao ordenamento jurídico brasileiro.** Monografia. Centro Universitário de Vila Velha. ES. Site www.apase.org.br. Acesso 07/09/2007.
LÔBO, Paulo Luiz Netto. Entidades familiares constitucionalizadas: para Além do Numerus Clausus, In: FARIAS, Cristiano Chaves de (coord.). **Temas atuais de Direito e Processo de Família.** Rio de Janeiro: Lúmen Júris. 2004.
RABELLO, Sofia Miranda. **Definição de guarda compartilhada.** Artigo de colaboração a Associação Pais Para Sempre. MG. Site. www.apase.org.br. Acesso em 07/09/2007.
ROSA, JOSÉ MANUEL CIPRIANO DE RAMOS. **Para um utópico direito da criança - o olhar de um leigo.** Monografia. Universidade de Coimbra. Portugal. Site www.apase.org.br. Acesso 07/09/2007.
SCHWERTNER, VERA MARIA. **Guarda Compartilhada.** Monografia, 2005, Site www.apase.org.br. Acesso 07/09/2007.
SCORSIM, JEANETE. **Guarda compartilhada: um efetivo exercício da autoridade parental.** Monografia para o Centro Universitário Campos de Andrade. PR. Site www.apase.org.br. Acesso 07/09/2007.
SILVA, Ana Maria Milano. **Guarda compartilhada.** 2ª. Edição. São Paulo. Editora de Direito. 2006.

8) NOVA LEI DE DROGAS – LEI N. 11.343/2006

Thiago Matias[*]

---

[*] *Advogado.*

Este trabalho tem como finalidade principal tecer alguns breves comentários acerca da Lei n. 11.343/2006 (Nova Lei de Drogas), em vigor no ordenamento jurídico brasileiro, desde o dia 23 de agosto de 2006. Inicia-se a abordagem, expondo o histórico do posicionamento jurídico nacional sobre o tema das drogas. A explanação tem seguimento com um enfoque especial no artigo 28 da legislação retro citada, abordando o posicionamento da doutrina e da jurisprudência quanto às questões referentes ao uso e plantio de drogas para consumo próprio.

Será feita, também, uma abordagem sobre a investigação policial nos casos dos crimes contidos na novel legislação, com suas peculiaridades em relação ao procedimento previsto no Código de Processo Penal pátrio.

Mister citar que ao utilizar a expressão "nova lei de drogas", atribui-se ao fato de que a Lei n. 11343/2006 é a norma que atualmente regulamenta a questão da droga no ordenamento jurídico brasileiro, revogando lei anterior, não significando, entretanto, que a lei seja realmente "nova", haja vista que a mesma entrou em vigor desde 23 de agosto de 2006.

A questão da droga no ordenamento jurídico brasileiro, antes da edição da Lei n. 11.343/2006, era regulada por duas outras leis, quais sejam: a Lei n. 6.368/1976 e a Lei n. 10.409/2002. A primeira versava sobre a parte material, enquanto a segunda lei versava sobre a parte processual.

Entretanto, no ano de 2006, o legislador nacional editou a Lei n. 11.343/2006, que revogou expressamente as leis acima citadas, conforme pode ser percebido na leitura do artigo 75 da Nova Lei de Drogas, *in verbis:*

> "**Art. 75**. Revogam-se a Lei 6.368, de 21 de outubro de 1976, e a Lei 10.409, de 11 de janeiro de 2002."

Em virtude da revogação expressa por parte da Lei n. 11.343/2006, a Lei n. 10.409/2002 é letra morta no ordenamento jurídico pátrio, ou seja, não possui possibilidade de ser aplicada, o que não ocorre com a Lei n. 6.368/1976, tendo em vista esta versar sobre direito material. Em suma, no que tange à questão de direito material, a Lei n. 11.343/2006 só retroagirá quando for mais benéfica para o réu, conforme orientação do princípio da irretroatividade da lei penal.

O princípio da irretroatividade da lei penal é decorrente do princípio da legalidade, encontrando, inclusive, previsão constitucional (art. 5º, XL, da CF). Julio Fabrini Mirabete explica o referido princípio da seguinte maneira: "Assim, **entrando em vigor lei mais severa que a anterior** (*lex gravior*), **não vai ela alcançar o fato praticado anteriormente**. Na *novatio legis in pejus*, permanecendo na lei nova a definição do crime, mas aumentadas suas consequências penais, a norma posterior mais severa não será aplicada. Nessa situação, estão as leis posteriores em que se comina pena mais grave em qualidade ou quantidade; (...)"[1] (Grifos nossos)

Assim, naquilo que a Lei n. 11.343/2006 for prejudicial ao acusado, que tenha incorrido em conduta típica antes da vigência desta, a mesma não irá retroagir, é o caso daqueles que foram condenados ou respondem a processo com a acusação baseada no artigo 12 da Lei n. 6.368/1976, qual seja o crime de tráfico de drogas, onde na lei atual houve um aumento da pena.

DO SISTEMA NACIONAL DE POLÍTICAS PÚBLICAS SOBRE DROGAS – SISNAD

O parágrafo 1º da Lei n. 11.343/2006 instituiu o SISNAD, tendo este, de acordo com o artigo 3º do mesmo diploma legal, "a finalidade de articular, integrar, organizar e coordenar as atividades relacionadas com: I – **a prevenção do uso indevido, a atenção e a reinserção social de usuários e dependentes de drogas**; II – a repressão da produção não autorizada e do tráfico ilícito de drogas".
(Grifos nossos)

Conforme pode ser percebido, a nova lei de drogas é positiva ao instituir um órgão que cuide da prevenção do uso indevido e da reinserção social de usuários e dependentes de drogas. Ocorre que, em verdade, as políticas públicas voltadas com tal finalidade no Brasil são inexistentes, ou, se existentes, não possuem a eficácia necessitada pela sociedade atual.

Em virtude da inércia dos poderes públicos em adotar e colocar em prática atividades relacionadas à prevenção e à reinserção do usuário de drogas na sociedade, é que cresce de forma alarmante nas cidades brasileiras o número de usuários de drogas, em especial o *crack*, sendo a referida inércia facilmente percebida na falta de centros de recuperação para os viciados.

É válido citar que a prevenção do uso de drogas não significa exclusivamente uma questão de segurança pública, mas também políticas que busquem evitar que crianças e jovens possam ter acesso ao mundo das drogas, seja através da educação, da saúde, do lazer, ou seja, através de políticas públicas que as lhes conscientizem que o uso de drogas é prejudicial como um todo.

ARTIGO 28 DA LEI N. 11.343/2006 (POSSE DE DROGA PARA USO PRÓPRIO)

Inicialmente cabe mencionar a alteração da terminologia utilizada pelo legislador. A Lei n. 11.343/2006 utiliza a expressão drogas, enquanto que as leis anteriores utilizavam a expressão entorpecentes. Ademais, insta informar que as espécies de drogas são classificadas e elencadas em uma portaria do Ministério da Saúde, seguindo orientações da Organização Mundial de Saúde.

A posse de droga para consumo próprio, prevista no artigo 16 da Lei n. 6.368/1976, encontra previsão no artigo 28 da Lei n. 11.343/2006, a qual possui 05 (cinco) núcleos, quais sejam: **ADQUIRIR, GUARDAR, TER EM DEPÓSITO, TRANSPORTAR e TRAZER CONSIGO.**

Adquirir significa comprar, **guardar** corresponde a ter à disposição para terceira pessoa, **ter em depósito** significa ter a droga à disposição da própria pessoa, **transportar** quer dizer, como o próprio nome indica, levar a droga de um local para outro, enquanto **trazer consigo** significa ter a droga no bolso, na mão.

As leis anteriores à nova Lei de Drogas consideravam o usuário de drogas como um criminoso, tendo em vista que o artigo 16 da Lei n. 6.368/1976 previa a pena de detenção de 06 (seis) meses a 02 (dois) anos àquele que incorresse na conduta prevista no *caput* do supramencionado artigo.

Entretanto, com o passar dos tempos, o legislador verificou que o usuário de drogas não poderia ser equiparado a um criminoso, bem como que a situação do usuário não seria resolvida com a sua prisão, ainda mais se for levado em consideração a decadência e precariedade em que se encontra o sistema prisional existente no Brasil, não possuindo a mínima condição de recolocar no seio social um interno.

Em virtude destas modificações na visão da sociedade e do legislador sobre a pessoa do usuário de drogas, é que o artigo 28 da Nova Lei de Drogas não prevê pena privativa de liberdade para o usuário de drogas, estabelecendo como sanção a este: **I) a advertência sobre os efeitos das drogas; II) prestação de serviços à comunidade; ou a submissão deste a medida educativa de comparecimento a programa ou curso educativo.** (Grifos nossos)

O próprio parágrafo 2º do artigo 48 da Lei n. 11.343/2006 veda expressamente a prisão do usuário, estabelecendo a lavratura do termo circunstanciado como procedimento adequado a ser utilizado contra aquele que for flagrado cometendo um dos núcleos do artigo 28. Assim, muito embora o usuário de drogas não possa ser preso, o mesmo pode, e deve, ser conduzido à delegacia para que seja feito o respectivo termo circunstanciado, não significando, portanto, que o mesmo ficará impune.

A autoridade policial que mantiver preso o usuário de drogas estará incorrendo no crime de abuso de autoridade, com previsão na Lei n. 4.898/1965, podendo vir a ser responsabilizado civil, criminal e administrativamente em virtude de ter privado a liberdade de alguém em contrário à previsão legal.

É CRIME O USO DE DROGA?

Parte dos doutrinadores, dentre eles Luiz Flávio Gomes, defende a tese de que não se trata de um crime, pois não há previsão de pena. Para sustentar esta tese, Luiz Flávio Gomes invocou o artigo 1º da Lei de Introdução ao Código Penal, quando este estabelece que: "*Considera-se **crime a infração penal a que a lei comina pena de reclusão ou detenção**, quer isoladamente, quer alternativa ou cumulativamente com a pena de multa; contravenção, a infração a que a lei comina, isoladamente, pena de prisão simples ou de multa, ou ambas, alternativa ou cumulativamente*". (Grifos nossos)

Nesta esteira de pensamento, o ilustre doutrinador conclui que: "Ora, se legalmente (no Brasil) **'crime' é a infração penal punida com reclusão ou detenção** (quer isolada ou cumulativa ou alternativamente com multa), **não há dúvida que a posse de droga para consumo pessoal (com a nova Lei) deixou de ser 'crime' porque as sanções impostas para essa conduta (advertência, prestação de serviços à comunidade e comparecimento a programas educativos – art. 28) não** conduzem a nenhum tipo de prisão. Aliás, justamente por isso, tampouco essa conduta passou a ser contravenção penal (que se caracteriza pela imposição de prisão simples ou multa). Em outras palavras: **a nova Lei de Drogas, no art. 28, descriminalizou a conduta da posse de droga para consumo pessoal. Retirou-lhe a etiqueta de 'infração penal' porque de modo algum permite a pena de prisão. E sem pena de prisão não se pode admitir a existência de infração 'penal' no nosso País".** [2] (grifos nossos).

Outra parte da doutrina pátria afirmava que a conduta do artigo 28 da Nova Lei de Drogas seria uma espécie de *abolitio criminis*, razão pela qual aqueles que tivessem sido condenados com base no artigo 16 da Lei n. 6.368/1976, que também previa a conduta do usuário de drogas, teria direito a uma revisão criminal, com o cancelamento de todos os efeitos provenientes da condenação.

Ocorre que, a maior parte da doutrina se posicionou no sentido de considerar como crime a conduta do usuário de drogas, mesmo não havendo previsão legal de pena privativa de liberdade.

O Supremo Tribunal Federal, em julgado recente, pôs fim à discussão doutrinária, **entendendo tratar-se a conduta do artigo 28 da Lei n. 11.343/2006 de um crime,** conforme trecho de decisão em Recurso Extraordinário interposto pelo Ministério Público do Estado do Rio de Janeiro, veja-se:

> "A Turma, resolvendo questão de ordem no sentido de que o art. 28 da Lei 11.343/2006 (Nova Lei de Tóxicos) não implicou *abolitio criminis* do delito de posse de drogas para consumo pessoal, então previsto no art. 16 da Lei 6.368/76, julgou prejudicado recurso extraordinário em que o Ministério Público do Estado do Rio de Janeiro alegava a incompetência dos juizados especiais para processar e julgar conduta capitulada no art. 16 da Lei 6.368/76. **Considerou-se que a conduta antes descrita neste artigo continua sendo crime sob a égide da lei nova, tendo ocorrido, isto sim, uma despenalização, cuja característica marcante seria a exclusão de penas privativas de liberdade como sanção principal ou substitutiva da infração penal.** Afastou-se, também, o entendimento de parte da doutrina de que o fato, agora, constituir-se-ia infração penal *sui generis*, pois esta posição acarretaria sérias conseqüências, tais como a impossibilidade de a conduta ser enquadrada como ato infracional, já que não seria crime nem contravenção penal, e a dificuldade na definição de seu regime jurídico. Ademais, rejeitou-se o argumento de que o art. 1º do DL 3.914/41 (Lei de Introdução ao Código Penal e à Lei de Contravenções Penais) seria óbice a que a novel lei criasse crime sem a imposição de pena de reclusão ou de detenção, uma vez que esse dispositivo apenas estabelece critério para a distinção entre crime e contravenção, o que não impediria que lei ordinária superveniente adotasse outros requisitos gerais de diferenciação ou escolhesse para determinado delito pena diversa da privação ou restrição da liberdade. Aduziu-se, ainda, que, embora os termos da Nova Lei de Tóxicos não sejam inequívocos, não se poderia partir da premissa de mero equívoco na colocação das infrações relativas ao usuário em capítulo chamado 'Dos Crimes e das Penas'. Por outro lado, salientou-se a previsão, como regra geral, do rito processual estabelecido pela Lei 9.099/95. Por fim, tendo em conta que o art. 30 da Lei 11.343/2006 fixou em 2 anos o prazo de prescrição da pretensão punitiva e que já transcorrera tempo superior a esse período, sem qualquer causa interruptiva da prescrição, reconheceu-se a extinção da punibilidade do fato e, em conseqüência, concluiu-se pela perda de objeto do recurso extraordinário" [3]

Como se pode perceber, o STF entende que a posse de droga para consumo próprio trata-se sim de um crime, não sendo suficiente o argumento de que para que uma conduta possa ser considerada haja necessidade de previsão de pena privativa de liberdade, conforme previsão do artigo 1º da LICP, pois na verdade o referido artigo apenas diferencia o crime da infração penal.

Ademais, insta mencionar que o artigo 28 da Nova Lei de Drogas encontra-se previsto no Capitulo III do Titulo III da Lei, capítulo este que cuida "Dos Crimes e das Penas", fator este que foi fundamental para que o STF considere como crime o retro mencionado artigo.

"Portanto, segundo a doutrina majoritária e o STF, ter-se-ia operado, com o advento do artigo 28 da Lei n. 11.343/2006, uma 'despenalização', mas não uma 'descriminalização' ou *abolitio criminis* do porte de drogas para consumo pessoal, que continua a ser crime. [4]

Entretanto, mister ser feito comentário ao fato de que o termo (despenalização) utilizado pelo STF para explicar o que ocorreu com relação à posse de drogas para consumo próprio não é o mais correto, haja vista que em verdade não foi retirado do texto legal a previsão de pena, tendo sido, em verdade, tão somente, retirada a previsão de pena privativa de liberdade.

Desta conclusão do STF, e da leitura do § 1º do artigo 48 da Lei n. 11.343/2006, conclui-se que, mesmo não havendo previsão legal de pena privativa de liberdade para o usuário, este é um crime de menor potencial ofensivo, devendo a ação penal seguir o rito do Juizado Especial Criminal previsto na Lei n. 9.099/1995, com todos os benefícios provenientes deste procedimento, inclusive a transação penal.

ARTIGO 28, § 1º DA LEI N. 11.343/2006 (PLANTIO DE DROGA PARA USO PRÓPRIO)

A Lei n. 6.368/1976 era omissa quanto à questão daquele que realizava o plantio de droga para uso próprio. Em virtude desta omissão legal, havia três correntes doutrinárias que divergiam quanto à enquadração daquele que plantava a droga para consumo próprio.

A primeira corrente defendia a tese de que esta conduta deveria ser enquadrada como tráfico de drogas, previsto no artigo 12 da Lei n. 6.368/1976. A segunda corrente afirmava que a o plantio para uso próprio deveria ser considerado como o crime previsto no artigo 16 da Lei n. 6.368/1976, qual seja o crime de uso de drogas. Por fim, a terceira corrente considerava o plantio de drogas para uso próprio como uma conduta atípica.

Quanto a esta discussão doutrinária, o STF entendia que aquele que plantava drogas para consumo próprio deveria ser processado como se usuário fosse, adotando, portanto, a tese da segunda corrente doutrinária citada acima.

O legislador que editou a Lei n. 11.343/2006 seguiu a linha adotada pela Corte Magna brasileira, tendo em vista que adicionou referida conduta ao novel texto legal (§ 1º do artigo 28 da Lei n. 11.3434/2006).

Insta observar que às mesmas penas cominadas para a conduta prevista no *caput* do artigo 28 serão submetidos aquele que **SEMEAR, CULTIVAR ou COLHER** planta de que possa ser extraída substância para o fabrico de droga ou substância que cause dependência química, quais sejam: **ADVERTÊNCIA, PRESTAÇÃO DE SERVIÇO À COMUNIDADE e TRATAMENTO.**

Por fim, mister citar que, além das mesmas penas, à conduta prevista no dispositivo ora analisado não se imporá a prisão em flagrante, devendo a autoridade policial lavrar termo circunstanciado, bem como o rito utilizado para o processamento da ação penal será o sumaríssimo, com previsão legal na Lei n. 9.099/1995.

Ainda quanto à questão do usuário de drogas, insta ressaltar que o prazo prescricional não poderá ter por base a tabela contida no artigo 109 do Código Penal, na medida em que não há previsão de pena privativa de liberdade. Entretanto, o artigo 30 da Lei n. 11.343/2006 resolve o problema quando estabelece o prazo prescricional de 02 (dois) anos nos casos das condutas previstas no *caput* e no § 1º do artigo 28 da mesma norma legal, devendo-se, no entanto, serem observadas as hipóteses de suspensão e interrupção do prazo prescricional constantes no artigo 107 do Código Penal.

INVESTIGAÇÃO E INSTRUÇÃO CRIMINAL

Sempre que alguém for preso pelos crimes previsto na Lei n. 11.343/2006, será utilizado o rito próprio previsto nesta, com exceção do crime de portar droga para uso próprio e de plantio da mesma para uso próprio, crimes estes que, conforme já exposto acima, deverão ser submetidos ao rito processual dos Juizados Especiais Criminais.

O artigo 50 da Lei n. 11.343/2006 estabelece que, ao ser feito o Auto de Prisão em Flagrante Delito (APFD), a autoridade policial deve comunicar imediatamente ao juiz competente a realização do referido auto, assim como previsto no artigo 306 do Código de Processo Penal, sob pena de a prisão vir a ser relaxada pela autoridade judiciária. Com o APFD em mãos, o juiz deve abrir, no prazo de 24 horas, vistas ao Ministério Público, para que este possa oferecer ou não a denúncia contra o flagranteado.

Cabe ressaltar que, além dos elementos comuns na elaboração de um APFD, como o exame de corpo de delito, no caso dos crimes previstos na Lei n. 11.343/2006, se faz indispensável a existência do Laudo de Constatação, conforme previsão do § 1º do artigo 50 da Lei Antidrogas. Em não constando este laudo no APFD, a prisão deverá ser considerada ilegal, tendo o magistrado que relaxar a mesma. Ademais, este laudo também é indispensável para a propositura da ação penal.

O laudo de constatação é uma perícia sumária, preliminar, feita por perito oficial, em que se constata de forma superficial que a substância apreendida é droga. No caso se inexistir perito oficial na localidade, ou o mesmo estiver ausente, o laudo de constatação deve ser assinado por uma pessoa idônea.

Existe também o laudo definitivo, que assim como o laudo de constatação, é indispensável, sendo este o exame feito em laboratório, devendo ser firmado por perito oficial ou, na ausência deste, por duas pessoas idôneas **com curso superior.**

Uma peculiaridade da investigação policial referente aos crimes previstos na Lei n. 11.343/2006 é o prazo para a conclusão da mesma. Em estando o réu preso, o prazo para a conclusão do Inquérito Policial será de 30 (trinta) dias, enquanto que se encontrando o réu em liberdade o prazo para a conclusão do Inquérito Policial será de 90 (noventa) dias, conforme determina o artigo 51 da Nova Lei de Drogas.

Neste aspecto, o prazo para a investigação é maior do que o previsto no Código de Processo Penal, que estabelece o prazo de 10 (dez) dias em se tratando de réu preso e de 30 (trinta) dias em caso de réu solto.

Por derradeiro, vale frisar que, muito embora estes prazos, em regra, sejam improrrogáveis, o não cumprimento dos mesmos não tem o condão de gerar constrangimento ilegal, com a consequente liberação do indiciado preso, conforme entendimento da doutrina penal, veja-se: "Tal prazo, em regra, é improrrogável, todavia não configura constrangimento ilegal a demora razoável na conclusão do procedimento investigatório, tendo em vista a necessidade de diligências imprescindíveis ou em razão do grande número de indiciados" [5].

CONSIDERAÇÕES FINAIS

A política adotada pelo legislador que editou a Lei n. 11.343/2006 foi a de encarar o usuário como uma pessoa que necessita de cuidados, tratamento, e não de ser inserido no seio de um sistema prisional decadente, ultrapassado e ineficaz, haja vista que, em qualquer hipótese, o usuário de droga poderá ter a sua liberdade cerceada se for pego portando, trazendo consigo, ou praticando qualquer um dos outros núcleos verbais presentes no *caput* do artigo 28 da Nova Lei de Drogas.

"Se o legislador acertou na correção da legislação anterior e adotou regras de convivência mais adequadas para o enfrentamento da problemática relacionada ao uso e tráfico de drogas, só o tempo e a práxis poderão dar a resposta". [6]

Referências:
[1] MIRABETE, Júlio Fabbrini. *Código Penal Interpretado*. 3ª ed. São Paulo: Atlas, 2003, p.99/100.
[2] GOMES, Luiz Flávio, et alii (coord.). *Nova Lei de Drogas Comentada*. São Paulo: RT, 2006, p. 109/110.
[3] STF, 1º Turma, RE 430105 QO/RJ, rel. Min. Sepúlveda Pertence, 13.2.2007. Informativo n. 456. Brasília, 12 a 23 de fevereiro de 2007.
[4] MARTINS, Charles Emil Machado. Uso de drogas. Crime? Castigo?. **Jus Navigandi**, Teresina, ano 13, n. 2059, 19 fev. 2009. Disponível em: <http://jus2.uol.com.br/doutrina/texto.asp?id=12352>. Acesso em: 25 maio 2009.
[5] Capez, Fernando; Colnago, Rodrigo. *Pratica Forense Pena*. 3ª ed. Reformulada. São Paulo: Saraiva, 2009, p. 25.
[6] LEAL, João José; LEAL, Rodrigo José. Nova política criminal e controle do crime de tráfico ilícito de drogas . **Jus Navigandi**, Teresina, ano 11, n. 1435, 6 jun. 2007. Disponível em: <http://jus2.uol.com.br/doutrina/texto.asp?id=9948>. Acesso em: 25 maio 2009.

www.ingramcontent.com/pod-product-compliance
Lightning Source LLC
Chambersburg PA
CBHW071928210526
45479CB00002B/599